7

高校财务内部控制与绩效管理研究

刘盈池◎著

新 华 出 版 社

图书在版编目（CIP）数据

高校财务内部控制与绩效管理研究 / 刘盈池著 .
— 北京：新华出版社，2021.8

ISBN 978-7-5166-5998-4

Ⅰ . ①高… Ⅱ . ①刘… Ⅲ . ①高等学校 – 财务管理 –
研究 – 中国 Ⅳ . ① G647.5

中国版本图书馆 CIP 数据核字（2021）第 163121 号

高校财务内部控制与绩效管理研究

著　　者：刘盈池

责任编辑：李　宇　　　　　　　　　封面设计：马静静

出版发行：新华出版社

地　　址：北京石景山区京原路 8 号　　邮　　编：100040

网　　址：http：//www.xinhuapub.com

经　　销：新华书店

　　　　　新华出版社天猫旗舰店、京东旗舰店及各大网店

购书热线：010-63077122　　中国新闻书店购书热线：010-63072012

照　　排：北京亚吉飞数码科技有限公司

印　　刷：北京亚吉飞数码科技有限公司

成品尺寸：170mm × 240mm

印　　张：11.75　　　　　　　　　　字　　数：182 千字

版　　次：2022 年 4 月第一版　　　　印　　次：2022 年 4 月第一次印刷

书　　号：ISBN 978-7-5166-5998-4

定　　价：62.00 元

前言

　　高校财务内部控制与财务绩效管理的研究,是社会经济发展到一定阶段的产物,其内容随着高校对内强化管理、对外满足社会需要而不断丰富和发展起来。有效的财务内部控制不仅关系到高校的各项财务管理目标能否实现、办学目标能否达到,也是我国当前高校改革、建立高校财务绩效管理制度的一项根本要求。新修订颁布实施的《会计法》第二十七条中规定:"各单位应当建立、健全本单位内部会计监督制度。"在人员分离、资金监督、财产清查和内部审计等方面严格按规定进行,同时要求各高校把加强内部控制,建立有效、完善的内部控制制度和财务绩效管理制度,作为高校财务管理的重要目标。

　　本书共七章内容。第一章是高校财务管理概述,对高校财务管理的相关概念、高校财务管理现状、高校财务内部控制和绩效管理进行了分析。第二章是高校财务内部控制的环境,在分析高校财务内部控制的环境的基础上,对高校财务内部运行机制、高校财务的岗位设置与队伍建设进行了探讨。第三章是高校财务内部控制的风险与防范,分析了高校财务内部控制风险管理的要素与内容以及高校财务内部风险评估与预警。第四章是高校财务基本业务控制,对预算管理与成本控制、收入与支出业务控制、资产与债务控制、经费控制等基本财务业务进行了分析。第五章是高校财务内部控制的组织与监督,对高校财务内部控制的组织与责任、高校财务内部控制评价、高校财务内部审计监督等内容进行了探讨。第六章是高校财务内部控制制度建设,对高校财务内部控制政策与法规、高校财务内部控制制度设计原则与方法、财务风险管控视角下的高校内部控制制度进行了阐述。第七章是高校财务绩效管理与控制,对高校整体计划、组织人事、绩效评估、内部审计评估等内容作了分析。

作为高校内部控制和绩效管理实践相结合的产物,本书全面地审视和思考了高校财务内部控制和绩效管理的基础理论和应用理论问题,具有前沿性和创新性,在我国高校现有的财务管理和会计核算体系基础上,在科学性、可操作性原则的指导下,以对高校财务内部控制发展现状与发展背景的研究为基础,构建了高校财务风险预警体系,并且对高校财务内部控制的内容以及困境的相关应对策略进行了研讨。总的来看,本书理论与实践相结合,具有指导性。可为高校具体财务工作的开展提供理论支持和实践指导,还可为相关人员的研究提供参考,对高校内部控制和绩效管理的研究有着一定的参考价值。

本书在撰写过程中参考并借鉴了很多专家学者的研究成果和观点,在此对相关作者表示最诚挚的谢意!另外,由于时间和精力有限,书中难免存在不足和疏漏之处,敬请广大学者和读者批评指正。

作者

2021 年 4 月

目 录

第一章

高校财务管理概述

　　"高校财务管理"是一个动态的课题,其研究内容主要包括:财务管理的内部承载与外延拓展,财务管理的生存路径与环境影响,财务管理的缺失问题与现存困难,财务管理的施政能力与智慧谋略,财务管理的体制建设与水平提升等。

第一节

高校财务管理的相关概念

高校财务管理，就是高校要学会在改革、稳定和发展的大环境中有尊严地生存；合力构建良好的经济秩序和财务管理平台；善于在各项事业、各类群体与财务的矛盾中自由地周旋、运筹帷幄，全力提供学校正常运行的资金保障；严密防范内在、外在、潜在的各种资金风险；竭诚为教学、科研、行政、后勤、学生等做好各项财务服务。

一、高校财务管理定义

高等学校内部管理事项中最为重要的组成部分就是财务管理，财务管理关系着整个高校各项事业的运营与发展。财务管理做得好，高校事务运行井然有序，沿着正确的道路，向着既定的目标前进；反之，财务管理一团糟，结果只会既有损高校的名誉与口碑，也无法实现为国家培养创新人才的目的。近年来，随着经济社会的快速发展和高校体制的转变，财务管理也随之发生了显著的变化，高等学校改变了过去由政府统一管理、并且由政府统一提供教学经费的被动局面，如今已经建立起更加科学合理的教育体制，实现了"政府宏观管理、学校面向社会自主办学"全新局面。高等院校不再像过去那般待在象牙塔中，而必面对复杂化、多样化的经济活动，因此，财务活动呈现出筹资渠道多元化的新特点。高等院校不再像过去那样"等、靠、要"，而需要自收自支，维持财务平衡，经济活动除围绕教学、科研工作开展外，还有商业的独立核算经济成分。① 无论是实施内涵式发展战略还是外延式发展战略的高校,人才竞争、设备竞争、待遇竞争这三座大山都压在每所高校的身上,经费矛盾更加突出。由于外部环境和内部情况的变化,在财务管理上,明显提出了比原来高得多的要求,这就需要高等学校根据国家的政策法规,结合自身的实际,创造性地开展高校财务制度建设,创建出系统、规范、适用、高效、创新的财务管理机制、体制,在新形势下,绩效考评被提到重要位置,绩效最大化是高校财务管理的终极目标,为学校整体的发展提供良好的资金保障和财务服务。

二、高校财务领导体制及管理机构

中国经济管理的一项重要制度就是总会计师制度,在过去,高等教育还没有全面普及,总会计师制度在高校并没有得到推广和应用,也没有受到应有的重视。高校的财务管理工作很简单,没有复杂的收支往来,经济业务的主要任务是管好、用好经费。随着经济社会的高速发展和高等教育的逐渐普及,高等教育的管理体制与结构逐步建立和完善,基本确立了高等学校的法人实体地位,也给予了高等院校较大的自主权。教育体制改革以后,我国高校作为独立的法人实体,是培养人才的摇篮,主要任务是科学研究、服务社会、文化传承。多元化的内部经济结构和错综复杂的经济业务要求高校的财务管理工作能够达到较高的水平,客观上要求高校设置专业化管理人员,以加强财务管理,积极筹措并管好、用好有限的资金,进行科学决策,实现高校长期稳定的发展。

三、高校财务管理的作用

随着教育体制的改革和高校自身业务的迅速扩展,在财务管理方面也涌现出了一些前所未有新问题,因此,加强高校财务管理变得异常

---

① 司金贵.山东省教育财务管理研究第 2 辑 [M]. 济南:山东大学出版社,2008.

重要。如何开拓渠道、更多地筹集资金,如何运作管理高校资金,使资金用效益达到最大化,以缓解资金不足对高校生存和发展的影响,这对于保证高校各项事业的可持续发展具有重要的现实意义。

(一)积极拓展筹资渠道,切实加强筹资管理

办学资金是学校的"血液",是保障学校生存和发展的重要条件。资金为高校的发展提供动力,而高校的发展又促进了资金筹措。现如今,高等教育在我国早已经全面普及,但是仍然存在教育经费不充足、政府财政拨款难以覆盖发展业务等问题。这就要求作为事业独立法人的高校保持开阔视野,学习先进经验,提高融资能力。不仅要把国家财政拨款充分利用好,还需要顺应市场经济的发展,利用自身优势,积极开拓渠道,建立起适应市场环境和自身特点的筹资机制,多方式、多渠道地解决高校筹措教育经费的现实问题。①

(二)加强高校资金使用与管理,提高资金使用效益

教育体制改革促使各大高校扩大招生数量和范围,越来越多的学生可以走进高等院校,接受高等教育;高校自身规模和业务也得到大幅度地扩大与发展。逐年扩大的办学规模,不断集中、壮大的学校财力要求高校在财务管理和资金使用方面下功夫,让高校的每一分钱都用在刀刃上,切实提高教学质量和高校自身的发展,把筹集的资金集中投入到基建、教学、科研等关键环节。由于高校规模快速扩张,涉及的经费与资金数额庞大,这就对高校的高层领导以及各相关部门的人员提出了更高的要求,如何顺应经济社会的发展,如何更科学、高效地使用经费与资金,如何保证资金动作过程中的安全问题,如何切实提高办学规模与质量,这些都是迫切需要认真思考与解决的问题。

(三)加强高校资金的运作管理

理论上,教学和科研是高等教育的有限资源应该投向的主要方面,

---

① 司金贵.山东省教育财务管理研究第 2 辑 [M].济南:山东大学出版社,2008.

但由于不合理的高校支出结构和各种其他原因,使得在实际操作中很难实现。过高的高校行政和后勤运行成本,成为高校可持续发展的"包袱"。因此,高校经费支出要以改革和发展为目标,分清轻重缓急,统筹安排,综合平衡、保证重点支出。要加强对支出项目的管理,合理调整支出结构。

(四)充分发挥财务管理的职能,提高资金使用效率

由于不合理的财务管理方法和传统的教育体制,使得高校有限的经费没有得到充分合理的运用,存在严重浪费现象,即"捧着金饭碗要饭",这种情况一方面限制了高校的发展,另一方面也损害了高校的声誉。要改变这一状况,必须改革教育体制,堵住财政漏洞,规避财务风险,加强财务支出管理,提高资金使用效益。

四、高校财务管理体制创新的思路与措施

近年来,伴随着教育体制改革的全面完成,高等院校在规模和业务方面获得了扩张和发展,具体体现在办学层次和水平持续提高,招生数量和办学规模逐年增加,高校综合竞争力稳步提升。同时,除了政府给予的财政拨款,各种非财政收入也不断增加,比重甚至超过了财政拨款收入。高校的融资能力是其竞争力提升的表现之一,非财政收入具体包括学生学杂费收入、办各种学习班收入、科研管理收入、捐赠收入以及其他。高校掌握了一定的资金,随着业务的扩张支出预算也同步提高,传统的计划经济和教育体制下的高校财务管理已经无法适应时代的发展,解决不了新问题。高校财务管理工作面对改革带来的许多新情况、新问题只能顺应变化而进行调整。

建立起与新时代新环境相适应的财务管理体制,放眼国际,开拓视野,学习先进的财务管理经验,全方位提高与加强高校融资能力和资金征用效益,是各校亟待解决的首要问题。这里给出几点高校财务管理体制创新的方法和建议。

（一）推行校、院（系）两级财务管理制度

传统的教育体制下，高校各项业务和标准都搞一刀切，相对固定在统一的条框里，缺乏自主性。教育体制改革的实施打破了过去的束缚，给高校带来了新的活力。高校可以建立起适合自身实际情况的财务管理制度，改变传统的财务管理体制，实行"统一领导，分级管理"。"统一领导"指的是高校作为一个整体，实行统一的财务制度；"分级管理"指的是校与院（系）两级财务建立财务核算相对独立的分级管理。目前，国际上比较先进的高等学校都实行"统一领导，分级管理"财务制度，院（系）财务管理机构在校财务处及院（系）的双重领导下负责预算、专项资金和创收的核算与管理。这样的财务管理体制的优势是高校可采用两级核算方式核算二级单位的收支，为全院（系）教职工、学生提供教学、科研、行政管理等经济服务。

（二）院（系）财务管理创新原则与思路

高校为了实现发展目标，应该坚持"统一领导，分级管理"的指导思想，顺应改革，建立起校与院（系）分级预算和资金分配标准的财务管理制度。高校的财务管理制度应该改变传统的模式，遵循市场经济规则、高校办学规律以及高校确定的院（系）为实体的原则。以高校确定的院（系）为实体的原则具体体现在以下四个方面：第一，院（系）的工作目标及其责任与院（系）的人、财、物自主权以及经济利益相一致，做到责权利相一致；第二，依照国家的法律和高校的规章制度行使人、财、物的自主权，院（系）必须建立院（系）自我发展与自我约束的运行机制，做到自我发展与自我约束相结合；第三，高校职能部门实行宏观管理与调控，校级财务应该简政放权，管理重心下移，给予院（系）人、财、物充分的自主权，做到高校宏观调控与院（系）自主办学相结合；第四，高校应该通过引入竞争机制，建立以岗定薪、按劳取酬、优劳优酬的校内分配制度，做到效率优先、兼顾公平，①

---

① 司金贵.山东省教育财务管理研究第 2 辑 [M].济南：山东大学出版社,2008.

（三）院（系）财务管理创新目标

现代高校应该根据自身情况和优势科学定位和分工,在创建现代高校财务管理制度的目标的指导下,建立和完善资金预算和拨款机制,对校与院（系）资金管理权限和责任进行分级管理,校级财务应该大力调动院（系）的办学积极性和主动性,创建"目标任务与经费全面挂钩"的运行机制,充分调动院（系）教师投身于教学、科研和学生管理工作的积极性,建设适应教学研究型高校要求的师资和管理队伍。校、院（系）两级管理体制和预算体系的建立是提供良好的经济支撑系统的基础,也是构建高效合理的高校财务管理的前提。

（四）财务管理创新措施

新时代的高校必须顺应经济社会的发展,创新财务管理制度,遵循责权利相一致的原则,推行目标管理责任制。高等院校应该根据财政拨款和经费资源的额度来制定适合的发展目标与任务,要做到公用经费、人员经费以及专项经费与其所承担的教学、科研、实验、管理、产业化等任务一一对应,杜绝财务漏洞与浪费。在高校核定的预算额度内和确定的资金使用范围内,允许院（系）在资金总额内调剂使用资金(除专项资金外),预算结余允许结转使用(包括专项资金结余),以确保院（系）在授权范围内行使经济管理权。具体的计算指标包括教学、科研、实验室、管理、产业化、综合补贴经费以及调节经费、队伍建设经费等。

第二节

高校财务管理现状

  过去传统的高等教育体制由于缺乏健全、科学的预算管理制度和手段,导致高校存在预算管理不理想,资源配置不优化,资产重复购置、闲置浪费较严重,资金使用效率难以保证和无考评奖惩等诸多问题,难以实现"权责明确、行为规范、管理严格、监督到位、激励有效、服务优质"的财务工作目标,不利于学校教学科研事业的全面协调可持续健康发展。我国高等教育体制改革已经全面完成,促使高校财务管理体制随之发生巨大的变化。不同于过去单纯依靠财政拨款,如今高校已经开拓多种渠道来增加资金来源,高校的发展一改过去依靠等政府给钱的局面,现在高校经费的主要来源是学校自筹和银行贷款,甚至有些高校的借款占了整个建设资金的80%;在建设资金的使用方面,由无偿使用转化为有偿使用,由一般管理转化为预算绩效管理;在财务管理方面,由过去的记账、算账的技术层面转化为宏观调控层面,根据资金状况控制建设成本,利用财务手段来调节资金的流量和流向;在内部控制机制方面,由过去简单控制发展到现在的从项目立项开始到交付使用财务各个环节的层层控制。所有这一切都为学校的持续发展创造了条件,同时也对学校的财务管理工作提出了新的要求。这里拟从分析面临的新问题入手探讨高校财务管理的现状和问题。①

---

① 司金贵 . 山东省教育财务管理研究第 2 辑 [M]. 济南:山东大学出版社,2008.

一、管理机制的问题

（一）投资决策机制不健全

基本建设项目缺乏严格论证，在学校建设资金严重短缺的情况下，先建什么，后建什么，建成什么标准，缺乏细致的调研和民主监督意识。工程前面建了后面改，许多工程在建成后并没有发挥应有的作用，造成了资金的严重浪费。

（二）高校预算缺乏全局性和前瞻性

目前，随着高校办学规模的不断扩大，高校经费供求矛盾突出，我国大部分高校缺少全局观和长期观，没能将预算管理与业务发展规划有机结合起来，不能及时根据各级政府制订的各时期对高等教育的目标和任务做出相应的调整，没有站在长远发展的角度，单纯的根据事业发展计划和任务编制当年的财务收支计划。

高等院校预算是国家预算的组成部分，预算管理是高等院校财务管理的重要方面，是学校配置教学资源的手段，是学校进行各项财务工作的前提和依据。高校在编制年度预算时，应该改变事业发展与规划不相适应，不同期间的预算缺乏有效衔接的传统做法。高等院校应该解放在公共资源配置中对预算功能的约束，加大对学校事业发展规划的支持力度，协调与事业发展规划之间的关系，根据学校事业发展需求和综合财力，编制中长期财务收支计划，学校的事业发展规划必须与财务收支计划相适应。

（三）银行贷款的不确定性，导致预算收支虚假平衡

银行贷款的不确定性，使高校部门预算中没能体现债务预算、基本建设预算和其他资本性支出，导致预算收支虚假平衡。当下，尽管高校开辟了多种筹资渠道，但是仍然不能全面覆盖高校基本建设、设备购置和滚动还本付息等资金需求。高校仅凭自有资金是无法满足快速发展的需要，银行贷款等方式给高校筹资提供了新的思路和方式，从根本

上解决了高校资金供求矛盾。随着金融政策的不断调整,国家对高校贷款的调控力度逐步加强,银行对高校贷款管理也越来越严格,高校一旦不能从商业银行获得新增贷款,将会造成严重资金短缺,预算无法实现。但是高校申请银行贷款时不能盲目与过于乐观,需要考虑资金需要的迫切性和自身的偿还能力,将债务收支、基本建设和其他资本性支出纳入部门综合预算,避免预算收支的虚假平衡。

(四)资金缺乏管理

资金管理理念落后于形势的发展,往往只注重对现金的一般日常管理,而对资金筹措方式的合理性、资金来源的安全性、所筹资金的效益性等方面考虑不足;对货币资金实际需求量的预测不够准确、通过不同货币资金存放形态及转换以降低货币资金成本等不够重视;对日常资金的正常运转和大额资金的支付缺乏控制和监督。有时用钱时财务处没有储备资金,有时千方百计借来钱却无用场,不是资金不足就是资金闲置。

二、会计核算的问题

(一)预算粗糙,为决算埋下隐患

有些工程没有编制明细的工程预算,"边设计,边勘探,边施工"的三边工程和预算超计划、预算超概算、决算超预算的"三超"项目多。给会计日常核算和工程决算带来很大的麻烦和隐患。经常是超支的资金迟迟不能落实,工程又要赶工期,只能"拆东墙补西墙"地赤字运转。另外,基建项目前期工作做得不细,以频繁增减工程量或变更工程设计来追加工程量,中标金额与决算金额相距甚远,招投标流于形式。

(二)待摊费用及待核销基建支出混乱

由于开支没有资金计划也无预算控制,待摊费用就像个大箩筐,有些在教育经费无力安排的零星修缮工程及似是而非的零修费用打入了建设成本,使得工程成本更加不实。

(三)工程价款的结算管理混乱

一是付工程款和甲方供料的结算有的进预付工程款科目,有的进其他应收款科目,重复挂账造成付款风险。二是入账票据不合规。有的决算项目以工程决算单替代税务发票。预付工程款和结算甲方供料时有的用收据,有的用税务发票。给一些施工单位偷逃税款提供了可乘之机,国家税收白白流失,也为个别心怀不轨的工程管理者弄虚作假、谋取私利提供了便利。

(四)借款利息的资本化问题

借款利息是高校借入基建借款而付出的代价。如何科学合理地核算建设项目的利息支出,现行的高等学校财务制度和高等学校会计制度均未明确进行规范,从而使得高校在理论上没有相关政策指导,实践操作上也没有相应规范,账务处理存在很多不足,混淆了成本与费用的界限,违背了会计信息质量可比性、真实性的原则。

三、现行制度问题

现行制度滞后于形势的发展,使得会计的账务处理、借款形成交付资产的属性和时间都具有不确定因素。

(一)会计主体的不确定

目前个别高校教育事业会计和基建会计分别独立核算,使得其中的任何一套账务都不能全面、完整、准确地反映高校的财务状况和收入支出情况。从学校决策层方面来看,学校领导只盯着教育事业费预算执行情况,忽视了对基建财务大额资金的管理和潜在风险,无法准确及时掌握全校的财务状况；从政府管理机关方面来看，教育经费的投入，基建经费的投入和报表汇总分属于不同的管理渠道，因而无法全面正确评价高校资金的使用绩效；从学校投资者和债权人角度来看，他们掌握的财务信息往往是经过粉饰的财务报表，无法客观掌握高校的财务状况。

（二）借款形成资产属性的不确定

现有不少高校将借款全部纳入财务账，利息也由财务全额承担，学校教育经费每年收支相抵剩余的经费结转自筹，财务根据账面自筹经费拨入的累计金额确定年交付资产数额，同时增加学校固定资产和固定基金。从表面看，交付资产增加了学校的固定资产，但是账面却背负着所有的债务。在学校每年结转自筹的资金连支付全年的借款利息都不够的情况下，完工交付资产的属性是否还算作学校的权益。另外，学校教育事业经费接受交付资产的能力有限，很多高校工程完工投入使用多年，因种种原因无法办理资产交付手续，只能长期挂账，使得高校账面资产严重失实。

第三节

高校财务内部控制和绩效管理概述

美国 COSO 委员会从 20 世纪 80 年代就开始致力于内部控学校管理内部控制制度研究，内部控制的定义可以归纳为：内部控制是遵循适当的法规等目标而提供合理保证的一种过程，其根本目的在于取得经营效果和效率、财务报告的可靠性,企业董事会、管理当局和其他职员都是影响内部控制的因素。目前世界上许多企业所采用的是 1992 年发布的内部控制整合框架,这一框架推动了内部控制的快速发展。在此基础上,COSO 委员会于 2004 年 9 月正式发布了企业风险管理框架,代表了国际社会在企业风险管理方面的最新成果和趋势,对会计、审计、内部控制等领域产生重大影响。[①]

一、高校财务内部控制

从历史角度看,20 世纪 60 年代,内部控制其实是从会计控制衍生出来的,内部管理控制与内部会计控制是财务内部控制所包含的两大内容。内部管理控制的主要功能是保证高校办学方针、决策的贯彻执行,促进办学活动的经济性、效率性、效果性,以致保障办学目标的实现。而会计控制的主要功能是维护会计信息的真实性和完整性、保护高校财产物资的安全、保障财务活动的合法性。财政部在印发《内部会计控制规范——基本规范》的通知中对内部会计控制进行了概括说明,通知中明确指出,该规范"以单位内部会计控制为主,同时兼顾与会计相关的控制",高校在确定财务内部控制的总体原则时应该参照这一规范。

(一)高校财务内部控制的概念

高校财务内部控制的概念包含动态和静态两个方面。从动态方面来看,内部控制是通过制定制度、实施措施和执行程序,为实现控制目标的自我约束和规范的过程。内部控制还是一个循环往复、不断优化完善的过程。从静态方面来看,内部控制是单位为了防范和管控经济活动风险而建立的内部管理系统,该系统由内部控制环境、风险评估、控制活动、信息与沟通和监督等要素组成,具体体现为各项内部管理制度以及落实制度所实施的措施和程序。《单位内控规范》第三条规定:

---

① 司金贵.山东省教育财务管理研究第 2 辑 [M].济南:山东大学出版社,2008.

"本规范所称内部控制,是指单位为实现控制目标,通过制定制度、实施措施和执行程序,对经济活动的风险进行防范和管控"。高校内部会计控制是指学校制定的一系列具有控制职能的方法、措施和程序,其目的是为了确保教育事业活动有秩序和有效地运行、实现学校管理目标等制定和实施、提高会计信息的真实性和准确性,确保学校资产的安全完整,防止欺诈和舞弊行为。①

高校财务内部控制包括一系列财务管理办法、执行程序和制衡措施,高校实施财务内部控制的目的是为了提高办学经费效益,提升整体管理水平,实现办学目标而制定和实施的,保护高校财政拨款和科研经费的安全和有效使用,规范高校经济秩序和财经行为,确保财经法律法规及学校管理方针政策的贯彻执行,及时发现管理漏洞和缺陷,有效防范舞弊和预防腐败,规避各类经济风险,保证会计信息真实完整。针对目前我国国情和高校改革发展和运营管理的实际情况,相对于内部会计控制而言,财务内部控制则更侧重于内部管理控制,其含义、内容和范围应当更加广泛和丰富,目的更加明确和具有针对性。高校财务内部控制的实施具有重大的现实意义:是保障高校健康和持续发展,促进和优化高校内部治理,保证高校资产安全和有效利用,有效发挥高校财务管理和监督职能等方面有力措施。

(二)高校财务内部控制的原则

高校财务内部控制的原则是根据《单位内控规范》和《高校内控指南》而制定的,符合学校内部控制实际情况,体现了新形势下高校经济活动和业务活动的特点,高校建立和实施财务内部控制应当坚持以下具体原则。

1.单位负责人负责原则

《高校内控指南》第五条规定:"高校党委要发挥在学校内部控制建设中的领导作用:校长是内部控制建设工作的首要责任人,对内部控制的建立健全和有效实施负责。"《单位内控规范》第六条规定:"单位负责人对本单位内部控制的建立健全及有效实施负责。"我国《会计法》

---

① 刘罡.高校财务内部控制实务 [M].北京:中国农业大学出版社,2018.

第四条规定："单位负责人对本单位会计工作和会计资料的真实性、完整性负责。"同时，第五十条规定："单位负责人，是指单位法定代表人或者法律、行政法规规定代表单位行使职权的主要负责人。"以上法律和规范确定了高校党政主要负责人是内部控制中的主体，起着关键作用，不能也不应该独立于内部控制之外，应当在内部控制体系建立、有效运行和监督管理方面发挥领导作用、承担领导责任。

2. 合理合法性原则

高校应当参照外部环境的变化和高校本身经济活动的调整和管理要求的提高，并遵循适应性原则来建立和实施内部控制，高校应该依据国家有关规定和单位的实际情况来建立和实施内部控制，对内部控制体系进行修订和完善。高校建立和实施内部控制必须严格遵守国家的法律法规和政策，不能违反国家的法律、法规和政策规定。由于各个高校的情况存在各种各样的差异，因此不能千篇一律地统一，不能全部套用一个财务内部控制模式，而需要根据高校自身的实际情况和特点，量身定制打造适合的内部控制制度。高校的各项内部控制制度，必须与学校内部管理目标相适应，既要体现高校特点和管理水平的差异，也要体现国家政策和各项法律、法规制度的要求，并具有可操作性。①

3. 全面系统性原则

《单位内控规范》第五条规定："单位建立和实施内部控制，应当遵循全面性原则"，对于高校来说，制定内部控制制度时要秉持全面、客观的态度，不能单纯考虑高校自身的主要业务，而应当涵盖涉及会计工作的各项经济业务及相关岗位，并针对业务处理决策、执行、监督、反馈过程中的每个关键环节控制点。这一规定明确了财务内部控制具有全面系统性。全面性包含两层含义：一方面是指内部控制是对经济活动的全过程进行自始至终的控制，不能放过每一个环节、每一个节点。另一方面是内部控制必须渗透到高校管理的各部分，涵盖所有的部门和岗位，不能留有任何死角。作为整个会计控制的核心，完整的会计记录控制制度包括可靠的凭证制度，完整的簿记制度，严格的核对制度，合理

---

① 刘罡. 高校财务内部控制实务 [M]. 北京：中国农业大学出版社，2018.

的会计政策和程序等。① 系统性也是财务内部控制的基本原则,即要运用系统论的观点与系统方法的整体性、全面性、层次性、相关性和动态平衡性等特征,设计出纵横交错的内部会计控制网络与点面结合的控制系统。

4.内部牵制原则

《单位内控规范》第五条规定:"单位建立和实施内部控制,应当遵循制衡性原则",即高校需要合理设置涉及会计工作的机构和岗位,坚持不相容职务相互分离,确保不同机构和岗位之间权责分明、相互制约、相互监督。内部会计控制应当保证职责权限的合理划分。此规定说明财务内部控制的核心就是实行权责明确、相互牵制。内部牵制原则的主要特征是将有关责任进行分配,使单独的一个人或一个部门对任何一项或多项经济业务活动无完全的处理权,必须经过其他部门或人员的查证核对。从横向来说,至少要经过两个互不相隶属的部门或岗位,使一个部门的工作或记录受另一部门的工作或记录的牵制,借以相互制约;从纵向来说,至少要经过上下两级,使下级受上级的监督,上级受下级的牵制。

作为高校内部会计控制的一个重要组成部分,内部牵制是指在各工作人员之间、各部门之间及各岗位之间所建立的互相验证、互相制约的关系,减少内部矛盾和能耗,避免扯皮和脱节现象。做好内部牵制要求高校内部各部门及人员,必须相互配合,做到既有分工又有协作,各岗位和环节协调同步,各项业务程序和办理手续紧密衔接,保证经济活动的有效性和连续性。做好内部牵制,同时也要求高校按照业务的性质和功能,将经济活动划分为若干个工作岗位,并根据岗位性质赋予工作职责权限,规定操作规程和处理手续,明确纪律规则和检查标准,充分做到责、权、利相结合。

5.成本效益原则

高校开展业务活动所必须遵循的一项基本原则就是成本效益原则。预期高校的业务活动产生效率和效益,有效地防范错误、克服弊端,那么就必须建立内部会计控制。高校要严格制定内部会计控制的环节

---

① 刘罡.高校财务内部控制实务 [M].北京:中国农业大学出版社,2018.

与措施,内部会计控制的效果取决于控制环节与措施的复杂性与严密性,相应地,建立、维护和修订的成本也会增大。根据成本控制理论,各种控制程序和方法的成本应该小于错误或潜在风险可能造成的损失和浪费,否则控制将失去意义。实行财务内部控制本身就是通过完善的内部控制,降低成本和人为因素,最大程度上保护高校财产,提高高校办学效益。[①]

《单位内控规范》第五条规定:"单位建立和实施内部控制,应当遵循重要性原则",即在全面控制的基础上,内部控制应当关注单位重要经济活动和经济活动的重大风险。成本效益原则是重要性原则的深化和补充。贯彻成本效益原则,有利于抓住经济活动业务处理过程中的关键控制点和重要风险点,并采取切实可行的控制措施,实施有效的控制。

二、高校绩效管理概述

高等教育绩效管理作为一种测量办学效率和效益的评价方法,是国家制定教育政策、分配学校经费和加强学校管理的重要手段,在高校的管理和发展中起着越来越重要的作用。高校绩效管理是西方发达国家在其高等教育面临严重挑战的背景下开发出来的,现在已经成为西方国家评价高校办学情况的有效工具。

目前,中国高等教育绩效管理还处于起步阶段,还在研究最适应我国国情的体系和方式。随着高等教育范围的扩大,高等教育进入大众化教育阶段,社会各界愈加关注教育绩效考核评估。从政府、地方乃至每一个家庭,都在逐渐扩大对教育的投入,在加大投入的同时对回报的期望值也在不断提高。现在,社会对高校的期望与要求已经不再是单纯的人才培养,而将关注点放在教育目标、教育效果与现实社会要求的契合程度、教育过程的合理性、投入与产出的比例、教育的效率等各个方面。而绩效管理能够通过具体的指标体系获得科学、准确的数据,可以从更加客观的角度评价管理水平,使资源配置更加科学有效。因此,为了满足各方的标准与需求,高校需要结合自身发展战略,制定出科学

---

① 刘罡.高校财务内部控制实务[M].北京:中国农业大学出版社,2018.

高效的绩效管理制度,帮助管理者理清管理思路。

(一)加强高等教育绩效管理的重要意义

1.有助于合理地调配资金

随着经济的发展,高校的软件与硬件都需要升级与更新,经营成本也在不断攀升,出现了巨大的经费缺口。尽管中央和地方每年都在加大教育资金的投入,但是仍然无法完全覆盖这巨大的缺口。绩效评价能够提供有参考价值的数据,对高校合理、高效地调配和使用有限的资金起到借鉴和指导作用,使好钢用在刀刃上。近年来,教育主管部门工作研究的重点是本着有所为有所不为的原则,把有限的教育资金合理分配到重点专业学科和有发展潜质的院校中去,使有限的教育资源发挥最大的效能。

2.有助于以定量的方法评价学校管理运作情况

由于高校在实际经营中存在很多限制和不确定性,很多标准都是很难测定的。而建立适合自身发展的绩效评价体系,可以用客观的数据评价教育活动,同时也便于用定量化的方法考察高校管理者的工作绩效,加强高校领导岗位目标责任管理,提高高校综合管理的水平。因为相比于文字描述,数据对比更精确直观,更加简明,便于分析、整理和比较。

3.有利于高校各级各类人员的考核和激励

绩效评价是一个动态的循环系统,必须与绩效计划、过程管理、绩效反馈及奖励惩处等环节紧密相连。为了促进人才的流动,激发整体的相关人员的工作积极性,考评结果要与相关人员的薪酬、奖励、职业发展机会挂钩。高等教育管理体系中的一个重要环节是要设立明确的目标,并制定出相应的奖惩标准。

4.有助于学校各类人员对学校整体工作绩效的关注

由于高校绩效管理能够使各类人员由注重各自工作量的完成转为对学校整体工作的关注和工作过程质量的控制。对各高校的教育成果进行绩效考核得出的数据是科学、客观的,带入竞争意识和危机意识,促进各岗位人员积极性和自觉性,能够评估比较出各高校工作水平之间的差异和自身发展的成效差距,能够开拓各个高校相同岗位人员的视野。

(二)高等学校绩效管理体系

1. 以投入产出为核心,实现一个转变

过去,高校财务管理机制是单纯的财政拨款收支会计,进行体制改革后,高校财务管理机制转向了复合型财务管理机制,财政拨款与自收自支相结合。因此,高校的财务管理工作需要改变过去的收支会计模式,提高资金的使用效率。在新形势下,如果高校的管理者不能顺应变化仍然遵循过去的思路与工作方式,在进行投资决策时,仍然以把盘子做大来彰显政绩,总希望将高校在自己的任期内规模有所扩大,将会对高校的长远发展造成阻碍。因此必须扭转这种片面的投资观念,端正投资方向,尽快建立一套科学、有效的高校绩效评价体系。

2. 正确引导高校的经营行为,立足两个服务

由于在过去经济体制的限制、高校管理体制的自身弊端以及考核方法上固有的漏洞,使得高校的管理者一叶障目,片面追求政绩,不惜牺牲国家利益和高校的未来发展,只注重眼前效益,缺乏长远计划,对高校的经营与发展没有全局、系统的把握,却把工作重点放在一些短期效益的细节上,致使一些高校背上了沉重的包袱。高校应该明确发展目标,立足于"服务教育,服务社会",来建立绩效管理体系。

3. 突出高校绩效管理的客观性、真实性,实现评价、激励、促进三大功能

由于高校依靠财政拨款运营,经营主体性质特殊,资金必须专款专用。高校财务琐碎而复杂,因此一般企业的绩效管理体系也很难在高校适用。高校绩效管理既要体现客观性和真实性,又要对教职工起到评价、激励、促进的功能。为了保证会计信息质量,需要深入分析影响高校绩效的有关会计信息可能产生的问题及其原因,系统地研究建立

高校综合绩效评价体系。只有制定出科学合理的绩效评价指标体系，以财务指标间的相互校正关系为参照，通过横向对比与纵向对比，改进与完善影响会计信息质量的主要因素，得出能够真实、客观反映高校绩效的评价结果。通过对评价结果的综合，可以比较全面、客观的认识评价客体。通过从各个不同侧面对高校绩效开展评价，可以将高校各个方面和各个环节的行为取向引导到绩效上来，充分调动高校各级领导和教职员工的积极性和创造性，形成争取良好绩效的良性竞争，促进高校的可持续发展。

4.全面反映高校的财务、经营状况

无论是财务指标的定量分析，还是非财务指标的定性分析，都有各自的长处和短板，任何一种单一的方式都无法全面地反映高校的财务和经营状况。单纯看财务指标状况，容易造成高校只顾眼前利益而盲目投资，损害长期效益和未来发展；反之，如果把全部关注点放在非财务指标上，结果会导致无法提供精确的数据和标准，无法正确指导高校的经营活动而造成损失。

第二章
高校财务内部控制的环境

内部控制是一种体系，是高校财务管理的重要手段，它贯穿于高校财务管理活动的各方面。高校实行有效的内部控制制度有利于规范高校经济业务活动秩序，有利于维护学校的合法经济权益，提高高校资金的合理配置和使用效益。因此，各大高校应及时创建适合本校的财务内部控制制度，并在实践中不断改进。

高校财务内部控制环境不够理想，会严重影响到高校财务内部控制体系的正常运行，因为在整个体系中，环境是基础，对体系的运行起到决定性作用。值得一提的是，高校财务内部控制环境与内部控制的整体目标包括其他要素有着密切的关系，它们之间相互联系、相互促进。高校财务内部控制环境设计是否合理、运行是否高效，极大地影响着高校财务管理的整体目标和高校财务管理内部控制的其他要素，对高校财务管理内部控制体系的形成具有有力的推动作用。

高校财务内部控制的环境概述

一、高校财务内部控制环境的概念

对于高校财务内部控制环境的概念,不同学者、机构及评论文章给出了不同的解释。最常见的概念解释有两种。一是美国反虚假财务报告委员会下属的发起人委员会(COSO)的解释。他们认为"内部控制环境主要指组织的核心人员及这些人的个别属性和所处的工作环境,包括个人诚信正直、道德价值观与所具备的完成组织承诺的能力、董事会与稽核委员会、管理阶层的经营理念与营运风格、组织结构、职责划分和人力资源的政策与程序"。二是《教育部直属高校经济活动内部控制应用指南——第 1 号控制环境》的解释。他们认为"高校内部控制环境是指高校内部控制存在和发展的空间,是实施内部控制的基础,直接影响、制约着内部控制的建立和执行,主要包括发展规划、内部控制组织结构、运行机制、关键岗位与人员、会计及信息系统等方面"。[①]

综合两种解释,我们可以看出,高校财务内部控制环境主要体现了工作环境、员工队伍,以及员工的思想理念和价值取向。高校财务内部控制环境对高校财务管理内部控制体系能否有效执行具有决定性作用。

---

① 曹乐颜.当前我国企业内部控制存在的问题与对策[J].中国管理信息化,2011(14):65–67.

二、高校财务内部控制环境与高校财务内部控制的关系

内部控制是指组织为了实现管理目标、提高经营效益、获取各种有利资源而在组织内部使用的各种制约和调节计划、方法和程序。从本质上来讲,内部控制可以说是一种管理控制,有助于组织有效地执行组织策略。由此可知,高校内部控制指的是高校在校园内部实施的制约方法、调节计划,包括各种相互牵制的组织等,设置这些方法、计划及组织,有的是为了实现教学管理目标,有的是为了提高经营效益,有的是为了获取各种有效资源。同理,高校财务内部控制是指高校实现高校教育教学目标,保证高校资产合理有效使用,规范高校经济秩序,约束高校财务行为,规避各种经济风险,而制定和采用的财务管理方法。

高校财务内部控制环境与高校财务内部控制之间相互影响、相互促进、紧密相连。首先,高校财务内部控制的基础是财务内部控制环境,其决定了高校财务内部控制的各项要素的作用,如财务内部控制的观念、组织形式、运行及其效果等,都受财务内部控制环境的影响,环境越完善,内部控制运行效率就越高,监督机制就可以更好地发挥平衡作用。其次,高校财务内部控制环境的作用反过来受到财务内部控制的影响,高校财务内部控制是否能够有序运行,取决于高校内部控制环境是否能够有效发挥作用。

三、高校财务内部控制环境的分类及其影响

(一)高校财务内部控制环境的分类

按照不同的分类依据,高校财务内部控制环境可分为不同种类。若按照构成因素形式分类,高校财务内部控制环境可分为硬环境和软环境。硬环境即正式的硬性的制度规定,包括高校组织结构、岗位、人员等;软环境即非正式的制度规定,包括高校运行机制、校园文化和信息化程度等。高校财务内部控制环境有两种分类方法。若按照主体分

类,高校财务内部环境可分为内部环境和外部环境。内部环境即高校财务内部各组成要素,包括发展规划、组织结构、人力资源政策、内部审计、校园文化、信息化程度等。外部环境即影响高校财务内部控制的其他要素,包括政策法规、经济、社会文化、技术等。

(二)内部环境的主要内容及其建设

高校财务内部控制环境的内部环境主要包括发展规划、组织架构、运行机制、高校内部控制关键岗位、高校的会计与信息系统等内容。具体来说,发展规划主要是指高校的长远发展计划。高校的发展规划必须符合高校自身发展需求,是高校在综合分析现实状况、预测未来发展趋势的基础上制定的。组织架构主要包括高校内部各层级机构设置、职责权限的安排、人员的编制、工作程序安排,以及相关要求的制度制定等。运行机制主要是指为实现高校财务内部控制目标而建立的运行和制衡机制。运行机制主要包括决策机制、执行机制、协同机制、监督机制等。高校内部控制关键岗位主要包括预算业务管理、收支业务管理、政府采购业务管理、建设项目管理、合同管理,以及内部监督等岗位。高校的会计与信息系统主要包括会计系统和信息系统。会计系统包括会计机构、会计人员和会计工作;信息系统是高校利用计算机和通信技术形成的信息化管理平台。这个平台主要是处理经济活动数据,如对经济活动数据进行集成、转化和提升等。[①]

高校财务内部控制环境建设离不开领导的重视,依赖领导的统一指挥。内部控制活动属于高校全员参与的控制活动。因此,高校财务内部控制环境建设必须要得到领导的支持,否则就不能保证高校全员参与,不能形成良好的内部控制环境。

当前,高校财务内部控制环境建设存在一些问题。一部分高校对内部控制环境的认识还不足,还没有意识到内部控制的重要性,他们认为内部控制是设置障碍,会影响工作效率。因此,高校领导不愿意投入大量的精力在高校财务内部控制环境建设上。还有一部分高校认为内部控制是财务部门或审计部门的事情,不需要全员参与,单位负责人无须多参与领导。因此,这就导致高校财务内部控制活动缺乏有效的执

---

① 邵积荣.高校经济活动内部控制研究[M].广州:羊城晚报出版社,2017.

行和监督,致使内部控制流于表面,不能发挥其应有的作用。

对于高校来说,内部控制环境建设更加离不开领导的重视和支持。领导对内部控制环境建设的重视程度直接决定着内部控制成功与否。同时,内部控制环境建设需要高校全员参与,需要高校各部门的全力配合,尤其是业务部门、内部控制职能部门、内部审计及纪检监察部门。全员参与有助于内部控制环境建设形成整体合力,从而更好地促进高校财务内部控制环境的建设。

(三)外部环境对高校财务内部控制的影响

高校财务内部控制环境中的外部环境包括政策法规环境、高等教育行业环境、技术环境、社会文化环境等因素。第一,政策法规环境主要是指涉及内部控制的政策法规,以及审计部门、财政部门的监督。政策法规环境以政府治理理念为基础。当前,我国高校财务内部控制环境的相关政策法规有《会计法》《审计法》《预算法》等,这些政策法规对高校财务内部控制环境的作用显而易见,是强有力的外在制衡力量。第二,高等教育行业环境即高校所在的行业环境。高等教育行业环境决定了高校的基本构建模式、运行机制、人员队伍等。第三,技术环境主要指信息技术和相关硬件技术。高校的资金和信息通过信息技术得以聚合,高校实现了不同区域、不同部门之间的信息沟通。第四,社会文化环境主要指当前社会形态下的文化环境和传统社会文化。当前,社会面临转型,文化环境呈现出多元性,但传统社会文化仍保持相对稳定。社会文化影响着人的行为,影响着内部控制。

在当前稳定的制度环境下,高校财务内部控制的外部环境会影响内部控制的建设和运行。对高校来说,外部环境为高校财务内部控制制度形成提供了制度背景,以外在的力量约束着内部控制建设,是内部控制建设和运行的助推器。由此可以看出,外部环境对高校财务内部控制环境具有重要的作用。同时,高校财务内部控制环境需要随着外部环境的变化而不断调整。总之,外部环境既可以直接作用于内部环境影响内部控制,如政策法规直接约束单位职能、组织结构,也可以间接影响内部控制,如社会文化影响人的价值观和人的行为,从而影响内部控制。

第二节

高校财务内部运行机制

一、高校财务内部运行机制的重要性

高校财务内部运行机制顺利建立和执行能保障高校顺利发展,若高校财务内部运行机制不畅则不利于高校的顺利发展。当前,我国高校财务内部运行机制存在一些不利于高校发展的问题。部分高校财务管理形式局限,采用校长为主负责、中层干部为辅的形式。高校财务部门主管只负责相应的财务管理工作,对高校内部各单位财务工作欠缺有效的监督和管理。部分高校对内部各部门施行不一样的管理制度,导致各部门出现了严重的差异化,产生了贫富差距,这严重影响了高校教师等工作人员的教学积极性,不利于高校健康发展。因此,高校财务内部运行机制必须要保证顺畅,才有利于高校各项工作顺利开展。

同时,随着我国高等教育事业的不断发展,原有的高校财务内部运行机制不能在很好地服务于高校发展,需要建立新的高校财务内部运行机制;加强开源节流,提高资金使用效益;建立、健全最高决策机构,通过集体讨论的方式得出决策方案;提高警惕,增强预防财务风险的能力;加强财务预算管理与监督之间的联系,使二者融合,促进新的财务管理体系建成;实现资产分类管理,构建全新资产管理架构。明确每个部门、每个人员的职责,建立高校领导者、各级财务主管和财务人员的经济责任制,创建科学合理、层次丰富的经济责任监管体系,通过各种渠道及措施,去保证新的高校内部运行机制得以成功创建并成功运行。

而新的内部运行机制的结构务必是合理的、决策务必是科学的、监督务必是有力的,这样才能达到预期效果。资金管理工作和资产管理工作相分离,设置相应的岗位并明确各自的工作职责,充分满足高校内涵式发展的新需要。

二、高校财务内部运行机制的主要内容

高校财务内部运行机制包括决策机制、内部控制执行机制、业务流程协同机制、监督机制、内部控制自我评价机制等主要内容。具体介绍如下。

第一,决策机制。高校财务内部运行机制遵循"统一领导、分级管理、集中核算"的原则。高校财经活动的最高决策机构是党委常委会,财经工作的第一责任人是校长。涉及重大经济事项、经济决策或大额资金支付业务时,高校实行集体决策制度。个人不能擅自更改集体决策。重大经济决策、经济事项、大额资金支付业务的具体内容或标准由高校根据实际情况自行确定。

第二,内部控制执行机制。高校应根据实际情况建立健全内部控制执行机制。内部控制执行机制包括以下多种机制,如不相容岗位相分离机制、内部授权审批控制机制、预算控制机制、资产保护控制机制、会计控制机制、信息公开控制机制、信息技术控制机制等。[①]

第三,业务流程协同机制。高校业务流程协同机制坚持"以预算为主线、资金管控为核心"。积极发挥财务、采购、资产管理、科研、合同管理等相关部门或岗位的作用,保证内部控制在分权的基础上充分高效地运行。

第四,监督机制。内部审计、纪检监察部门充分发挥自身的作用。借助内部控制评价和内部审计监督,高校及时发现内部控制建立和实施中的问题和薄弱环节,并及时进行调整,确保高校财务内部控制体系顺畅运行。内部监督应当与内部控制的建立和实施保持相对独立。

第五,内部控制自我评价机制。高校应健全内部监督制度,明确相

---

① 黄益寿,俞丽,周睿.高校内控制度实证研究 [M].长沙:中南大学出版社,2018.

关部门或岗位的职责,规定内部监督程序,对内部控制建立与实施情况进行内部监督。

三、会计稽核与高校财务内部控制环境的关系

(一)高校会计稽核工作的主要内容

高校会计稽核工作人员按照国家相关政策法规和高校内部财务管理规定及制度严格完成以下几方面工作项目。第一,严格审核各会计岗位相关的事业性收费和其他社会有偿服务收费,审核内容包括收费的合理性和合法性,收费的手续是否齐全,收费管理的各个环节是否衔接有序,收费是否按时、顺畅。第二,严格审查会计核算工作中涉及的凭证、账单、现金、银行存款和证券等,审核内容包括上述信息是否真实,手续是否齐全,数据是否准确,所属会计科目是否合理。第三,定期审查各项输出资金数据的准确性和真实性,如数据是否真实,依据是否符合有关制度和规定,审查内容包括工资性支出、助学金、奖学金、补贴等资金的报表、账簿等。

(二)会计稽核对高校财务内部控制环境的影响

会计稽核是会计机构针对会计核算进行的一项自我审核工作,是财会工作人员的一项重要工作。它对于规范会计人员工作行为、提高会计工作质量具有较强的促进作用。可以说,建立有效的会计稽核制度,符合会计自我控制和自我发展的需要。因此,我国高校应严格按照《会计法》建立高校会计稽核制度。完善的会计稽核制度能有效避免会计核算工作中出现的差错,能有效监督工作人员的行为,提高会计核算质量。会计稽核是会计工作的一项重要内容,对于规范会计行为、提高会计资料质量发挥重要保障作用。

高校会计稽核制度是高校财务内部控制制度的重要组成部分,对于促进高校财务内部控制环境中财务管理部门的核算和业务管理工作大有裨益。当前,众多的高校在日常财务管理工作中,忽视会计稽核工

作。因此,高校在完善内部控制环境的过程中,需要清晰认识会计稽核的重要性。

我们需要明白,会计稽核的监督作用不同于内部审计的监督作用。会计稽核是部门内部的自我监督,内部审计则是外部监督。两者监督的方法、角度等明显不同。因此,在建设内部控制环境的过程中,不能用内部审计替代会计稽核。

（三）会计稽核的组织与开展

高校会计稽核工作需要满足一定的条件才能顺利组织和开展工作。

首先,会计稽核组织要保持相对的独立。开展稽核工作,应设立相对独立的科室或岗位,确保会计稽核人员能独立开展工作和解决问题,避免受到其他部门的约束,从而影响会计稽核的效果和质量。

其次,会计稽核工作的开展需要复合型人员。高校会计稽核人员要做好会计稽核工作,就必须熟悉各项会计核算和财务管理业务,具备专业的会计稽核能力和素质。在具体的实务工作中,财务管理知识、手段和方式,都在不断地进步和更新,为适应这种形势发展的需要,要重视高素质、复合型的具有较强专业能力的会计稽核人员的培养。

再次,会计稽核方法需要保持多样性。在长期的实践过程中,会计稽核虽然逐步形成了一套能满足高校财务管理需要、实用性较强的操作程度,但是也经常出现一些问题。会计稽核工作一般注重现场稽核,通过核查账簿、查看报表、核验凭证等方式展开。但是,会计稽核除了要进行现场稽核外,还需要进行非现场稽核。目前,非现场会计稽核工作开展较少,导致会计稽核的深度不够。在运用更加全面深入的稽核方式、方法,提高稽核效果还需进一步加强。

最后,会计稽核工作的开展需要重点关注会计稽核整改。在实际的会计稽核工作中,落实整改力量相对不足。在会计稽核具体实施后,会计稽核工作要针对具体的稽核事项做出相应的总结,并就稽核中发现的问题进行分析,从而提出有效的可行的整改措施,然后监督相关部门进行整改,发挥稽核对推动提升财务管理工作的作用。此外,高校会计稽核整改结果考核不到位,执行力弱,没有形成有效的执行制约机制,未能对稽核整改做及时监督,从而影响了财务稽核的效果。

四、内部审计与高校财务内部控制环境的关系

（一）我国高校内部审计工作发展历程

1985 年，我国高校内部审计工作拉开序幕。之后，在 20 世纪 90 年代，国家教委相继颁布《教育系统内审规定》《教育系统内部审计工作规定》，高校内部财务收支经营变得有法可依。2004 年 4 月，新的《教育系统内部审计工作规定》发布，明确要求高校承担起评价高校经济活动、指引高校后续改善管理工作的任务，促进了高校内部审计职能的发展。2009 年，《内部审计实务指南》出台，首次提出高校内部审计职能应由监督转变为管理服务。高校内部审计应充分发挥控制、管理、决策和咨询等作用。2013 年 8 月，《内部审计准则》发布，标志着我国开始重视内部审计在组织改善、风险管理中的作用。2015 年 3 月，《关于加强直属高校内部审计工作的意见》下发。该意见强调高校应加强内部审计工作，充分发挥内部审计的作用。

伴随着高校规模的不断扩大和高校竞争的加剧，高校内部审计风险逐渐增大，因此，高校内部审计必须向风险管理导向审计转型。

（二）高校财务内部控制需要内部审计助力

在高校财务内部控制环境中，高校内部审计发挥外部监督作用，影响高校财务内部控制环境的宏观生态。由此可见，高校财务管理内部控制环境建设离不开内部审计。

高校内部审计从高校全局出发，时刻关注内部控制制度和财务报告，关注高校风险管理，关注审计风险。高校内部审计协助风险管理部门做好风险诊断和分析，改善风险管理，加大流程控制力度，从而提高高校风险管理效果。同时，高校内部审计帮助高校全面开展风险防控管理，为高校战略规划提供相关资料并提出建设性意见。总之，在风险管理领域，高校内部审计充分展现自身的优势，提供广泛的服务，从确认、评价职能到提供增值、咨询服务等，不断促进高校实现战略目标。

五、高校财务内部运行机制改革

（一）高校财务内部运行机制存在的问题

目前,高校财务内部运行机制还存在着很多问题,这在一定程度上阻碍了高校的发展,不利于高校长远发展。高校财务内部运行机制存在的问题主要体现在以下几个方面。

1.高校财务内部环境薄弱

高校财务内部环境为高校财务内部控制实施提供环境基础。当前,我国高校财务内部控制环境还比较薄弱。内部环境薄弱主要体现在以下几点。第一,高校管理者一直将教学和科研作为高校工作的重心,将大部分精力投入到提高教学质量和培养科研能力上。此外,高校管理者忽略高校财务内部控制,不重视内部控制活动。第二,对财务内部控制认识不足,对高校财务内部控制只停留于表面。第三,部分高校内部没有财务部门,而是让其他部门兼管财务工作。高校财务内部控制活动常与高校的日常行政事务相混淆,欠缺独立性,高校财务内部控制缺少硬件支持。第四,部分高校欠缺专业财会人员,高校财会人员配置不合理,财务部门与其他部门的职能不清晰,相应岗位权责不明确,这使得高校财务内部控制缺乏软件设施的支撑。[①]总之,高校内部控制缺乏硬件和软件的共同作用,导致高校内部控制工作不能有效开展。

2.内部控制制度体系不完善

对于高校财务管理工作,《高等学校财务制度》虽然在一定程度上发挥了指导性作用,但是该制度毕竟涉及内部控制的内容不多。因此,很多高校只能参考企业内部控制制度。高校在借鉴企业内部控制制度的基础上,结合自身特点,经过探索和研究,自行建立高校财务内部控制制度。但是,高校建立的这种内部控制制度还是存在一定的缺陷的。因为高校与企业在很多方面,诸如性质、规模、结构等,都有着截然不同的区别。那些依据企业内部控制制度建立起来的高校财务内部控制制度就显

---

① 罗玲.高校财务内部控制的改革和完善 [J].会计师,2015（13）: 58–59.

得没有独特的针对性和切实的可操作性。没有可操作的内部控制制度，高校财务内部控制就不能得到正确的指导和强有力的约束，那么高校财务内部控制就容易发生错误甚至失去自身该有的效果。此外，高校虽然有自己的财务内部控制制度，但是在运行和实施时，工作人员不能严格遵守内部控制制度，不能按照制度要求来开展活动，从而导致高校财务内部控制出现了"有章不循，有制不遵"的现象。高校财务内部控制制度形同虚设，未能真正发挥内控控制制度的指导和约束作用，导致内部控制体系不完善，高校财务信息的可靠性和正确性无法得到保障。

3.缺乏全面的预算管理体系

预算管理在高校财务内部控制中非常重要，它不仅能帮助高校管理者实现战略目标，而且能为高校财会人员指明方向。目前，许多高校在预算管理方面还存在很多问题。具体表现为以下几点。

第一，高校预算管理意识不强。当前，高校内部各部门没有较强的预算意识，对相应部门的资金不能制定长远规划，认为预算属于财务的事情，其他部门只要接受学校发出的预算指标即可。预算虽然属于财务部门的工作，但财务部门并未真正履行自己的预算职能，而是仍然听从领导的安排，按照领导的财政拨款规划做预算编制，没有考虑高校的实际情况和高校的长远发展计划。这种预算只能是一种形式，并未对高校财务的资金管理起到控制和约束作用。

第二，高校预算编制方法不合理。当前高校的财务管理模式多为"统一领导、分级管理"。财务部门根据上一年的收支情况，再适度结合本年度可能出现的变动做预算编制。这种预算编制虽然操作简单，但是缺乏合理的数据分析和绩效评价。这种预算编制导致高校内部各部门竞相争抢预算，长时间则会导致不合理支出现象的发生。

第三，高校预算执行控制不严格，监督机制不完善。按照当前的预算管理要求，财务预算确定后即不会随意改变。很多高校的预算管理缺乏科学的预算管理体系和监督机制，在预算编制后，随意调整、更改预算，致使预算约束作用难以发挥。

4.监控力度有待提高

监督管理在高校财务内部控制中发挥着至关重要的作用，它能保障内部控制有效运作，确保财务管理工作高度透明化。但是，很多高校却忽视监督管理工作,缺乏监督力度。高校监督管理工作欠缺主要体现在以下几方面。第一,一部分高校虽然有组织开展监督管理工作,但是没有专门部门承担监督管理工作,而由其他人员兼任,这很容易造成职位分离不明,权责不清,易出现以权谋私违法行为。第二,高校科研项目众多,平时支出零散,这在一定程度上增加了高校财务内部控制工作难度,促使财会人员感到疲惫,工作上出现懈怠,不再认真监督,只针对部分事项进行监督。高校财务内部控制监督不力,导致财务信息真实性有待考量,高校资金透明度无法保障。

5.风险管理不到位

高校财务内部控制风险管理不到位的问题,主要表现在四个方面。第一,风险管理意识不强。高校管理者和财会人员不重视资金、资产的风险管理,缺乏有效的风险管理工作组织。第二,对风险的辨识能力不高。部分高校欠缺科学的风险预测方法,不能准确预测高校财务内部控制存在的风险。第三,应对风险策略较少。多数高校对内部控制风险做出预测后,没有可行的风险应对策略。第四,风险管理能力不高。一些高校财务内部控制出现问题时,相关财会人员应对风险管理的能力不足,在预测风险、识别风险和处理风险时欠缺严谨性,不能有效防范风险。

(二)高校财务内部运行机制问题的原因分析

在当前社会,我国高校财务内部运行机制存在多方面的问题,造成这些问题出现的原因主要有以下几方面。

1.高校财务管理运行改革力度不够,还存在很多漏洞

目前,我国高校依然按照《高等学校会计制度》来指导和规范财务管理工作,虽然有一部分高校根据形势需要,做了调整,但是,总体改革力度与发展力度还是不足,不能满足现行的高校财务管理工作的需求。我国公共财政体系正处于不断完善的过程中,高校资金来源由原有的单一国家财政拨款变成了多渠道筹集资金,高校内部经济事项也日趋多样化和复杂化。面对一系列外部环境的变化,高校在财务内部控制制度方面做了很多调整,但并未做到整体性的改变。因此,在改革力度不强、约束力度不够的情况下,我国高校财务管理工作隐含的诸多问题

就逐渐显露出来。

2.高校对财务内部运行机制不够重视,执行力较差

高校不仅包含有教学工作、科研工作,还有很多复杂的工作,其中就包括财务工作。但是,在传统观念的长期影响下,高校领导者重点关注高校教学和科研工作,而忽视高校财务工作,认为财务工作比较简单,财务部门只是负责简单的收费、报账等工作,因此对财务工作重视度不够。高校财务部门设置简单,财会人员配置人数较少,甚至有些高校用行政人员兼职财务工作。

此外,高校对财务相关制度的执行力度也不够。当前,《会计法》《新会计准则》《事业单位会计制度》及《高等学校会计制度》等财务法律法规、制度层面体系可以说比较健全。但是,高校财务工作人员在工作时,并未认真严格地按照财会相关法律法规和制度的规定做事,并未认真贯彻各项规章制度,由此高校出现了很多审查不严、资金乱用等现象。

(三)加快进行高校财务内部运行机制改革

为规范高校财务活动,提高资金使用效益,高校必须解决财务内部控制存在的问题,改革高校财务内部运行机制,为我国高等教育事业的发展营造一个健康的财务环境。

1.优化内部环境,夯实内控基础

为了加强高校财务内部控制,应当提高内部控制硬件设置和软件配备,优化内部环境,夯实内控基础。具体采取措施如下。首先,提高高校管理者的财务内部控制意识,加强对财务内部控制的重视程度,为高校财务内部控制顺畅运行提供强有力的领导支持。其次,加大对高校财会人员的培训力度,提高财会人员的内部控制意识,让财会人员全面了解内部控制,为高校内部控制营造良好的内部环境。再次,设置一级财务机构,统一管理学校财务工作。同时要保证一级财务机构接受学校管理者和财务负责人的领导。校内非法人单位设置的财务部,作为二级财务机构,接受一级财务机构的管理,并严格遵守高校的财务管理制度。最后,聘请专业的财会人员,清晰划分岗位,明确岗位权责,规范人员配置,提高财务软件设置,改善内部环境。

2.完善制度体系,规范内部控制活动

内部控制制度体系为内部控制工作提供指导,为内部控制工作提供约束,保证内部控制顺利进行。因此,高校应当完善制度体系,规范财务内部控制,为财会人员内部控制管理提供指引。第一,借鉴先进的内部控制制度,结合自身情况,建立与高校财务内部控制相适应的制度,确保高校内部控制制度合理、可行。第二,监督内部控制制度执行流程,严厉处置违规行为。在实践中检验内部控制制度,确保其的可操作性。

3.健全预算管理,提高预算水平

高校要健全预算管理,提高预算水平,应采取以下几方面措施。

第一,建构预算管理模式。高校应坚持在实施预算管理之前,明确长远发展目标,估算财务资源,规划预算。合理整合资源,根据高校实际情况,建立适宜的奖惩制度。提高财会人员预算管理意识。

第二,选择恰当的预算方法。高校在编制预算时应当根据本校的实际情况,采用合理的预算方法,如零基预算法。对重大项目进行预算编制时,综合运用各种预算方法。

第三,加强预算执行力度。首先,不能随意更改、调整预算。其次,建立预算执行信息传递和反馈系统,实时追踪预算执行情况,保证预算作用的发挥。再次,结合会计核算,强化预算内部控制。设计预算支出分析表,让相关人员清晰掌握预算执行情况。根据分析数据发现问题、分析问题、查找原因,最终找出解决办法。最后,建立科学的预算管理制度,为学校的预算工作提供法律保障。年度总预算经费表必须清晰呈现各项预算经费支出,若要进行调整应严格按照程序调整。大额资金审批,必须经过民主讨论、科学论证,杜绝个人独断行为。①

4.提高监督控制,强化审计职能

高校要提高监督控制,强化审计职能,需做到以下几点。第一,设立高校监督委员会,监管高校财务内部控制,防止滥用私权,杜绝违法行为。第二,设置财务追踪系统,实时监控资金使用情况。第三,采取多种财务内审方式,充分发挥内审职能。第四,建立财务信息公开平台,

① 王玉瑛.论高校全面预算管理体系的构建[J].安康学院学报,2012,24（02）:126–128.

定期公布资金使用情况。第五,加强外部审计对高校财务内部控制的作用,为高校财务内部控制透明性提供有效保障。

5.加强风险管理,防范财务风险

风险管理是高校财务内部控制管理的重要组成部分。做好风险管理工作,保障高校财务工作顺畅运行。高校加强风险管理,防范财务风险应做好以下几方面工作。首先,强化风险管理意识,加强资金风险防范,提高风险管理工作严谨性。其次,提高风险管理能力,增强风险识别功能,科学预测内部控制风险。最后,制定风险应对措施,加强高校财务风险应对能力,有效防范财务风险。

总之,要提高高校资金透明度,为高校营造一个良好的内部控制氛围,需要改革并完善高校财务内部控制,确保财务信息可靠、真实。完善高校财务内部控制的内部环境、制度体系、预算管理、监督控制和风险管理,提高财务资金的使用效益。

第三节

高校财务的岗位设置与队伍建设

一、高校财务的岗位设置

(一)高校财务岗位设置的一般要求

我国高校岗位分为管理岗位、专业技术岗位和工勤技能岗位。管理岗位是指在高校中担负领导职责或管理任务的工作岗位。专业技术岗位包括教师岗位、其他专业技术岗位和附设专业技术岗位。其中,其他专业技术岗位是指为教学和科研工作提供技术支持或辅助服务、具有相应专业技术水平和能力要求的工作岗位。

高校财务管理岗位包括管理岗位和其他专业技术岗位。管理岗位主要指部门负责人,其他专业技术岗位即其他工作人员。部门负责人和专业技术岗位工作人员均需具备与相应的工作岗位相匹配的专业资格和能力。而且高校财务部门财务工作人员编制、财务工作人员专业技术职务考评,以及二级财务部门负责人的任命、调换均应由高校一级财务机构及相关部门公共办理。

(二)高校财务内部控制关键岗位的设置情况

从不同的角度来看,高校财务内部控制关键岗位的设置有所不同。从高校整体经济活动来看,高校内部控制关键岗位包括预算业务管理、收支业务管理、采购业务管理、资产管理、建设项目管理、合同管理及内部监督等重要岗位。从财务管理层面来看,内部控制关键岗位包括预算业务岗、会计核算岗、资金业务岗、会计稽核岗、信息系统管理岗等。

关键岗位是高风险岗位,在很多环节中都面临风险。如果执行中出现问题的话,高校将会面临较大的损失。因此,高校必须要结合自身的实际情况,综合考虑各项经济活动的规模性、复杂性等,科学、合理地设置高校财务内部控制关键岗位,并配备合格的专业工作人员。

二、高校财务内部控制的关键岗位及其职责

(一)预算业务岗位

《行政事业单位内部控制规范(试行)》第 19 条规定:"单位应当合理设置岗位,明确相关岗位的职责权限,确保预算编制、审批、执行、评价等不相容岗位相互分离。"各高校实际情况不同,因此在财务预算管理体系设置上也就不同。一般来说,每个高校都设有预算业务管理决

策机构、预算业务管理工作机构、预算执行机构。而且,预算编制、预算审批、预算执行、决算评价等岗位均保持独立。

预算业务岗位的主要职责包括以下几个方面。第一,编制学校综合财务预算,监督管理并分析学校的综合财务预算及专项资金预算。第二,编制学校部门预算和部门决算。第三,提供相应的财务信息,如经费分配数据信息、会计核算等。预算业务管理工作归财务部门负责。

此外,还可设置预算归口管理部门。预算归口管理部门工作人员的工作职责是汇总预算执行机构提交的预算建议数和细化调整数,审核预算追加调整申请和预算执行申请等。预算归口管理部门先行处理跨部门的经济业务,先对预算建议进行审核,然后再交给预算业务管理工作机构进行汇总平衡,这有助于提高预算编制的效率。[①]

(二)会计核算岗位

会计核算业务涵盖收入业务和支出业务。会计核算岗位的工作人员主要负责正确记录经济活动。具体来说,会计核算岗位的主要职责有以下几方面:审核原始单据,编制并复核记账凭证;监督经费使用进度,做好经费年终结转,确保经费财政、银行和账面等一致;定期清理往来款项信息;定期与学校资产管理部门核对国有资产的报账情况;整理会计凭证及账簿,做好会计档案管理工作。

(三)资金业务岗位

《行政事业单位内部控制规范(试行)》第19条规定:"单位应当建立健全货币资金管理岗位责任制,合理设置岗位,不得由一人办理货币资金业务的全过程,确保不相容岗位相互分离。"

资金业务岗位工作人员要承担以下几方面的职责:一是认真核对资金流向,确保资金正常往来,保证账、表、单三方信息相符;二是严格执行资金支付控制制度,确保资金收付安全;三是做好资金支付相关信息保密工作。

---

① 崔国旗,黄森,郭东日,王生平.哈佛经典案例全集4[M].北京:中国标准出版社,2004.

（四）会计稽核岗位

会计稽核岗位工作人员的主要职责是认真核查财务管理部门的各项业务，及时发现并解决问题，保障财务日常工作正常开展，促进形成良好的财务工作氛围。

（五）信息系统管理岗位

随着现代化技术手段的应用，高校财务管理工作中的信息系统管理工作愈发显得重要。因此，信息系统管理岗位的工作人员具有较大的发展空间。

信息系统管理岗位的工作人员主要负责以下几方面工作。第一，在计算机技术普及的趋势下，负责软件的开发与使用。第二，负责财务系统网站功能维护，及时更新数据库，做好数据备份工作。第三，遵守会计电算化管理相关规定，做好内部工作人员培训工作。

三、高校财务的队伍建设

当前，我国部分高校没有完善的财务机构，欠缺专业的财务人员，部分岗位不能清晰分离，实行一人多岗，缺乏可行的内部牵制机制。因此，高校应当根据高校实际情况，强化高校财务工作力度，科学合理配置财务人员编制，并按事业发展需求做出动态调整，优化财务部门人员配置，组建高效的财务干部队伍，确保高校财务工作有序进行。

（一）财务管理队伍的基本结构

高校财务管理队伍的结构应当站在不同的角度来分析。

第一，从专业技术结构角度分析，高校财务管理队伍应当是由一群接受过专业教育和训练，具备专业技术职称、职业资格的专业人员组成。高校财务管理队伍中不仅包括专业的财会人员，而且包括计算机人才、金融人才、工商管理人才、法律人才及税务专业人才等。也就是说,高校的财务管理队伍的基本结构是一个复合型人才结构。

第二,从年龄结构角度分析。目前,我国高校财务管理队伍中人员年龄分布尽显不合理,面临青黄不接的局面。因此,高校财务管理队伍必须注意年龄梯度建设,保证不同年龄层次工作人员合理配置。

第三,从性别结构角度分析。当前高校财务管理队伍男女比例严重失调,女性比例偏高。从内部控制环境的角度来看,这是队伍建设必须注意的一个问题。高校要根据专业化队伍建设的要求,严把新进财务人员录用关,加强对新进财务人员的管理。高校应合理设置会计系列职称评定条件和要求,提高财务人员专业素养,提升财务人员的执业能力,逐步增加中、高级以上专业技术资格人员比例,从而有效维护财务人员的合法权益。[①]

(二)定期轮岗制度和关键岗位人员退出机制

高校财务人员定期轮岗既可避免个人长期在关键岗位工作的风险,又可培养财务人员多岗多能。

制定科学的、合理的财务人员轮岗制度,有助于促进高校财务工作顺利进行,有助于财务工作人员进行合理的轮岗锻炼。高校财务管理部门要依据高校财务人员轮岗目标,制订合理的轮岗计划,在轮岗计划中要清晰地说明轮岗人数有多少,轮岗的对象是谁,轮岗周期有多长,如何进行轮岗考核等问题。同时,高校应做好沟通协调工作,处理好财务人员轮岗问题,保障财务人员轮岗工作顺利有序开展。

高校实行财务人员定期轮岗,对轮岗人员进行培训,必须先将轮岗者的培养目标和方向定位清楚,避免造成大面积轮岗的现象,这无疑会影响到财务部门工作的正常开展。高校可以根据不同的岗位职责及特性去采取分层分批错开进行的方式,这可有效避免大面积轮岗。根据财务工作岗位要求和性质,明确轮岗年限。

关键岗位人员退出机制主要为不适合从事关键岗位工作且不适合轮岗的人员而设。对于无能力从事财务管理工作、有违纪行为的人员必须严格执行退出机制。关键岗位工作人员退出机制展现了高校财务内部控制环境的自我清洁能力,体现了能上能下、能进能出的财务队伍

---

① 刘罡.高校财务内部控制实务.北京:中国农业大学出版社,2018.

管理状态。

（三）财务管理人员培训制度

财务管理部门的工作人员必须具备与其工作岗位相匹配的资质和能力。因此,高校应建立相应的人事用工管理制度,优化关键岗位人员配置。同时,制定可行的培训计划,提高财务管理部门工作人员的业务能力和职业素养,提高遵守和执行相关法律法规的自觉性。

为了促使高校顺利实现转型,完成供给侧结构性改革,高校在对财务管理人员开展培训时要注意以下几点。第一,培训内容在聚焦高校转型发展需求的同时,满足财务人员个性发展的需求,且一定要丰富翔实、符合实际。第二,提供丰富的培训资源,改善培训环境,从而丰富财务管理人员培训的内容。

（四）财务管理人员激励制度

激励制度是营造高校财务内部控制环境良好氛围不可或缺的一个重要内容,对于振奋士气,提高工作效率,提高工作质量,有积极的作用。通过满足财务管理人员的物质、荣誉、情感等需求,来调动工作人员的积极性和创造性。因此要确立一套完整的激励体制来用在高校财务队伍管理上,从而达到效率最优的目的。

一般来说,激励措施包括物质激励、精神激励、奖惩激励等形式。结合高校财务管理的实际情况看,精神激励、奖惩激励起到的作用可能远大于物质激励。

第三章

高校财务内部控制的风险与防范

　　世界高等教育改革的新趋势和市场经济的发展对我国高等教育提出了新的要求。市场经济体制下,经济性、竞争性、创造性、服务性、动态性成为高等学校生命的动力源泉。虽然高等学校是国家财政支持的公益性办学机构,在市场经济环境下具有一定的稳定性。但是,在市场环境之中,必然要面对与市场环境相关的生存与竞争问题,生存与发展的危机还是存在的。因此,高等学校应当重视办学的风险问题,关注高校的发展与社会、经济发展大环境的匹配;关注环境发展变化态势给高校可能带来的冲击问题;关注参加经济活动的个体在市场经济中可能遇到的利益诱惑而给高校带来的损害等问题。

第一节

高校财务内部控制风险管理的要素与内容

我国的高等教育不仅要面对世界高等教育改革的新趋势,也要面对市场经济对高等教育提出的新要求。也就是说,外界环境和内部环境的变化可能给学校发展带来的风险问题是不应忽视的。风险管理中组织目标、风险识别、风险管理机制三个方面是风险控制的必要环节。

一、高校风险管理的三个基本要素

(一)组织目标

高校的总体目标是培养出符合社会期望的、满足社会需求的、拥有一定道德水准和坚实职业能力的学生。这一目标似乎与我们谈论的内部控制体系无关,实际上,从广义上讲,要培养社会需要的人才,就要研究市场;要使学校获得社会的认可,就要不断提高学生的道德水准和职业技能,两个方面不可缺少其一。这就要求学校除了要在专业设置上、教学水准上、科学研究上符合社会发展的需要,还要在道德培养上不断追求。要培养学生的职业技能就要求学校通过教育帮助学生超越他们的局限,获得更加综合性的知识;要培养学生的道德修养,就要摒弃不良的管理体制所造成的腐败和违规行为,为学校构建一片纯净的空间。这就需要学校构建完善的管理体系,保证学校教育的有效性、完美性、纯洁性。

支撑学校总体目标的具体目标有很多,比如:提高教育质量、提高就业率、增强综合竞争力、扩大财力、合理使用资金等等。与内部控制直接相关的目标是合理使用资金,保证学校有限的资金得到科学、有效的使用,避免浪费、流失,防止贪污和腐败。

(二)风险识别

组织的风险主要来自外部因素和内部因素两个方面。

1. 外部因素

迈进 21 世纪,国家之间的竞争由过去的人力、资源、军事之间的竞争变为教育、科技为基础的综合国力的较量,教育处于竞争的中心,高等教育成为重中之重。高等教育竞争包括教育投入、教育生产、教育产出三方面的竞争。教育投入是教育过程中所投入的人力、物资资金;教育生产是教育资源的配置与利用的过程;教育产出是教育结果的数量和质量。

高校的外部风险因素主要来自知识经济带给高等教育的影响和中国市场经济的建立对高等教育的影响两大主要因素。直接表现为:高等教育的全面改革、国际化的教育竞争与合作、信息科学发展对高校的影响、高等学校之间的竞争与整合、市场需求与高校毕业生供给的矛盾。

高校的改革还在进行之中,未来的发展模式还在探索;市场经济的建立必然产生政府对高等学校管理模式、政策、方针的变化;高校发展不可避免地受到政治、社会、经济、文化、环境等诸多因素的影响;中国加入 WTO 的教育承诺,会有越来越多的国外教育机构进入中国,引发高校全方位的竞争与合作;随着科学技术的发展,技术进步带来的教育革命——网校的诞生,也给高校带来了机会和冲击。这些因素中的任何一项根本性的变革,都将影响到高校目标的实现,从而产生管理风险。

2. 内部因素

高校的内部风险因素主要来自外部环境的变化引发的内部决策失误、管理不到位可能带来的管理风险。比如:不准确的办学定位;受市场化的影响,高校的行为缺乏制约;从业人员陈旧的管理观念;经济活动管理的随意性；忽视有限教育资源的科学管理；满足现状，缺乏忧患意识。

面对知识经济和市场经济的两大环境因素的影响，如何应对，各高校表现出了不同的情形。有的高校为了改变自身的社会地位，通过急剧扩大规模来获得教育资源；有的高校重视自己的社会地位和声誉，没有盲目扩大，保持一定的发展规模；有的学校为了跻身于研究性大学而不顾自身的实力，急躁冒进。高校作为非营利性组织，在公众中是有着明确的界定的，当学校的行为超出了社会公众对高校行为界定的范围时，高校在公众心目中的信任度就会直线下降，这对于高校完成自身的历史使命是有着直接的负面影响性的。

（1）市场经济对高校产生深刻影响

市场经济的自由、竞争、利益等元素，对高校产生深刻的影响，这种影响是全方位的。比如，学校可以通过正当的途径从社会上获得资源，补充学校办学力量；受商业利益的引诱，高校广泛参与了与企业之间的合作，获得了资源，也使知识转化为生产力；教师在社会上参与了更多的兼职和社会活动等等。市场经济的利益吸引，给学校、教师带来了影响，这些影响有正面的，也有负面的。如果不能够认识到这些因素的影响，没有对可能产生的负面效应采取应对的管理措施，必然会给学校的教学和管理带来消极的影响。

（2）高校固有特性的影响

高校固有的特点决定了高校从业人员具有求稳、保守的心态，他们不愿意接受高校的变革，对于高校组织的任何变革和尝试都存在抵触情绪。高校的组织性质决定了高校的管理者重视教学、科研和学术水平问题，对于学校的各项经济活动的管理，没有形成有序的管理机制，决策随意，经济管理中存在隐患和管理风险。

（3）高校组织机制的影响

长期以来，高校的教育资金主要由政府拨款，学校对资金的管理持有坦然处之的态度，对教育资源问题没有太多的忧虑，在进行重大经济决策时常常忽视了学校的资金状况，只要学校党委会讨论通过的决策就要执行，不论这一决策是否科学、合理。不计成本的管理，不关心财务状况的决策，造成巨大的财务风险隐患。同时轻视教育经济效益性，不考虑内部经济管理的投入与产出、消耗与成果之间的关系，资金使用存在浪费现象，没有最大限度地发挥教育资源的作用。

（三）风险管理机制

识别风险、评估风险的目的是要防范风险,降低风险带来的不利影响。为此,学校应在全校员工中树立教育必须改革,教育管理存在风险,教育投入要讲究科学管理的意识,建立完善的管理体制,规范管理者的管理行为,降低随意决策、任意管理造成的风险;建立权力牵制机制,降低因经济利益诱惑引发的学校财产的损失。

二、高校财务风险的内容

高校作为公益性法人组织,在资金管理中,投资风险与负债风险相比,资金的负债风险表现得更为突出。在此,将资金管理的负债风险作为研究的重点。

高校资金负债风险的产生和控制,是高校发展中值得关注的一个问题。高校通过负债办学,解决了发展中的资金问题,资本市场为高校发展提供了资金来源,负债为学校提供了资金保证。近些年来,高等学校银行贷款发展迅速。高速的发展必然存在着某些隐患,所以高校的信贷行为必然存在有利的一面和不利的一面:一方面,高等学校各方面的发展带来了高等教育水平的全方位的进步;另一方面,高校举债办学,必然在负债方面存在着风险。

高校负债风险是指由于资金供需情况、各种宏观经济环境和微观条件等因素发生变化,使高校因负债的原因给正常的发展和运行造成一些不确定性的影响。对于高校资金管理,存在着是大胆"创新",还是稳健理财的问题。现实发展中,高校的资金负债主要来自学校基本建设所需要的资金需求。随着高等教育的发展,我国各地高校纷纷扩大招生规模,以此为契机,高校的基建项目立项纷纷上马,有的学校甚至同时开展几十个基建项目,摊子铺得越来越大,确定的建筑标准也越来越高。与高校来说,高校资金来源渠道有限,一部分靠政府拨入,再有就是学生所交学费、住宿费和一部分商业贷款等。学校把这些有限的资金用于基建项目的建设,就必然会对教育经费造成一定的挤占。实施"银校合作"以来,高校的举债规模越来越大,给高校的运营发展造成了很大的压力,长此以往,是不利于高校的发展的。

高校之所以存在着较高的资金负债率,其原因是十分复杂的,具体来看,表现在以下方面。

第一,对于高校负债风险的研究不够深入全面,有所欠缺。从风险理论上看,"风险厌恶"倾向是任何产权明晰的经济主体都有的,一般情况下,管理层如果对于风险性方案有排斥,除非有合理的途径可以获得足够的收益来化解风险行为带来的损失。但就高校而言,其提供的产品具有准公共产品的性质,与一般的经济主体相比,学校在对负债风险的预见和风险的控制方面显出责任主体不明确的倾向。再加上,在对高校负债风险理论的研究和认识上具有片面性,研究不够深入系统,对负债风险可能引发的危险缺乏充分的认识。

第二,以学校的财力,无法填补高校发展中存在的较大资金缺口。综合国力制约和影响着一个国家政府财政预算支出的规模和政府举债的数量。目前来看,尽管我国中央和地方政府对于高等教育的资金投入有大幅度增加的趋势,但仍然无法完全满足高校在快速发展过程中对于大量资金的需要。同时,经济发展过程中我们一直遵循教育先行的原则。高校要先行发展,就要解决扩大招生带来的教学、住宿等需要耗费大量资金的问题,而要解决这一问题只能依靠借贷的方式,特别是基建项目中耗费的大量资金的问题。这个时候,权衡学校发展与资金负债风险的利弊,学校只能优先考虑学校的发展问题,然后才考虑资金的风险问题。

第三,高校的投资主体不明,为负债主体责任转移创造了条件。根据以往的发展经验,国家作为高等教育的投资主体在高校发展过程中占据着不可估量的作用。在高校现行经费筹措体制中,学校的经费来源主要依靠两个渠道:一是财政拨款,二是学校自筹,而学校普遍认为,学校基建方面的资金投入和改善办学条件的投入,应该由国家各级政府财政拨款解决,学校自身没有办法也没有能力解决这部分的资金投入问题。正因如此,学校负债的偿还责任存在着一定的模糊性,因此,有些高校在负债额度的控制上以负债利息成本的承受能力决定负债额的大小,几乎不考虑学校自身偿还本金的问题。同时,高校领导在管理中也存在一个基本假设:高校是属于国家的,高校的建设也是属于国家的,暂时的资金短缺,国家不会撒手不管,再高的负债,也会由国家来承担的,这只是一个时间问题第四,学校领导在进行基建项目投资决策时,学校财务管理人员没有参与决策。一般公司重大投资决策,财务主要领导会参与决策的讨论,而学校的基建项目投资决策,学校财务处长往往没有参与决策的资格。学校领导在决策之后,由财务处解决资金问题,在学校资金不足的情况下,只能通过商业贷款的方式解决学校领导层已经决定的基本项目的资金投入问题。

诚然,到目前为止,还没有听到、看到哪一所公立高校因为资金问题而关门,但公司经营中的教训是值得高校汲取的。比如安然公司。安然公司以财务创新而闻名。这家公司曾被《财富》杂志连续5年评为"最富创新能力"的公司,使用了期权、期货、SPE(特殊目的主体)的金融工具及其他资产负债表表外融资。同时,安然公司还通过某种信托基金或资产管理公司,将一系列不动产打包抵押对外发行流通性证券或债券,使"不动产"流动起来。"水可载舟,亦可覆舟",安然公司财务的"创新",也给公司的财务带来了巨大的风险。实际上,安然公司业务的高速增长是以大规模举债为前提的。安然公司公布的债务超过310亿美元,还有数十亿美元尚未报告的账外债务。表面上,安然公司破产的直接导火线是30亿美元的到期债务不能偿还,又拿不出现金作担保,无法得到美国联邦存款保险制度及其他公司的支援,本质上是安然公司高额负债率造就的经营风险,这使得安然公司破产在所难免。

稳健经营是公司经营中永恒的法则。负债规模一定要由其自有资本、还款可能性和提供的担保来决定。高校作为创造知识、传播知识的非营利性机构,由于自身的"造血"功能有限,在进行资金管理时更应当遵循稳健性原则,客观分析和评价学校的偿债能力。如果学校的事业基金出现了赤字,说明财力分配存在失控的危险,就要慎重考虑再贷款。目前,我国高校的事业性组织制度特征与高校规模扩张下的投资主体多元化不能完全相适应。规模扩张建成项目后,能否有足够的收益用于还款,是值得考虑的问题。从目前高校实际情况看,是存在一定还款困难的。因为,第一,目前高校收费标准相对于办学成本偏低,无法弥补教育成本;第二,政府对高校的管理尚未全面放开,政府承担着办高校的重任。有的学校为了解决还贷问题,不得不用新贷还旧贷,结果贷款利息负担越来越沉重,给学校有限的资金管理造成很大的压力。

信贷资金同财政资金、自筹资金都要纳入学校每年的财政预算中,统筹安排各项教育事业支出。因此,除了建立风险预警机制外,还应强化预算管理,建立健全防范负债风险的内部控制机制。健全民主监督机制,对于高校需要信贷资金的建设项目投资等重大事务,应充分发挥学校财经委员会、党代会和教职工代表大会的职能作用,充分发扬民主,广泛听取群众意见,慎重决策,降低负债风险。学校在预算中根据事业发展的需要,按适量与可能的原则合理确定负债额度,把负债偿还计划列入预算管理之中,保证还款计划的落实和预算的执行。

第二节
高校财务内部控制风险预警体系的构建

高校财务内部控制风险预警,指的是高校的相应的职能管理部门以学校的财务会计信息资料为基础,以学校的财务报表、统计、分析、监控等方法为手段设置预警指标,观察这些指标的变化,对高校在运营过程中可能或者将要面临的财务风险进行实时的预测和监控,一旦发现风险或者风险征兆,及时向相关部门发出警示。建立规范高校的校财务风险预警系统,有利于我们对高校的财务管理水平做出科学的分析和评价,然后针对潜在的一些风险做出预警和提示,便于高校有针对性地采取措施,规避和化解财务风险,促进高校的持续健康运行。

一、高校财务预警系统的作用

风险是客观存在的,为了发展,不可能也不应当有意地去回避。高校财务管理面临着一些挑战,而应对这些挑战就需要在承担合理、适度风险的同时,避免出现财务管理失败而对高校的生存发展造成威胁。在高校的日常经济活动中,一旦发现风险,高校的财务风险预警系统就会以根据高校的财务报表、财务预算及其他相关的财务资料,利用会计学、金融学、统计学和管理学等一系列的理论知识,向管理者发出警示。通常来说,高校财务风险预警系统具有以下几个方面的功能。

(一)风险评估功能

高校财务风险预警系统的评估功能是指在与高校发展相关的宏观政策和市场竞争状况的指引下,对高校自身的各类财务和运营状况信息进行汇总和分析,经财务风险预警模型的分析、评估和比较,对比分析高校运营过程中实际情况和预定的目标、计划、标准之间的差距,然后提出风险评估意见和判别风险级别。

(二)风险预警功能

在对存在的风险做出级别评估之后,一旦发现财务管理活动出现偏差,并且有可能出现影响高校财务状况的不安定因素时,就可以通过财务风险预警系统对潜在的问题和可能存在的危险发出提前警告,提醒有关管理者针对问题和风险采取一定的措施,防患于未然,避免潜在的风险造成实际的损失。

(三)风险报告功能

一旦发现高校财务存在着某种潜在的风险,财务风险预警系统能够有针对性地查找到造成这一财务状况的根本原因,并通过信息反馈机制将风险或不安定因素及时报告给高校的相关管理者,使高校管理者能够提前做准备,有针对性地对症结做出合理的应对措施,避免财务状况演变到不可逆转的地步,或造成严重的损失。

(四)风险控制功能

财务风险预警系统可以通过目标控制和程序控制等手段,明确地指出存在的问题,并且指引管理者运用有效的手段来解决问题,使控制对象与控制目标之间发生的偏离范围控制在最小,减少在控制执行中的疏漏,通过严密的控制,减少控制的随意性,提高财务风险控制的效率。

(五)风险免疫功能

财务风险预警系统,通过对财务危机的监测、控制和处理,系统的数据库中储存有类似财务危机的发生缘由、处理经过、平息波动和解除危机的各项措施,以及处理反馈与改进建议,以此作为处理未来类似情况的预案。当再次发生类似财务风险的征兆时,管理者可以利用财务预警系统历史数据做出相应的反应,避免发生类似的财务风险。

虽然财务预警系统有以上多种功能,但有以下两点需要注意:第一,财务风险预警系统只能够针对高校财务危机发生可能性提供一些线索,并不能够确切地告知管理者是不是一定会出现财务管理上的危机。分析人员应结合财务预警系统提供的一些相关因素或数据进行综合的分析和评价,再由学校高层管理者作出最终的财务风险管理决策。第二,并非是建立了高校财务风险预警系统就万事大吉了,而是需要高校根据自身的实际发展情况,考虑学校内外环境的变化及影响,及时对财务风险预警系统的相关标准和指标进行修正和完善,以保证高校财务危机预警系统的合理性和有效性。只有做到这些,才能够真正让财务风险预警系统的作用得到充分的发挥,以保障高校的长远健康发展。

二、高校财务风险预警体系的框架

（一）财务风险预警体系的整体架构

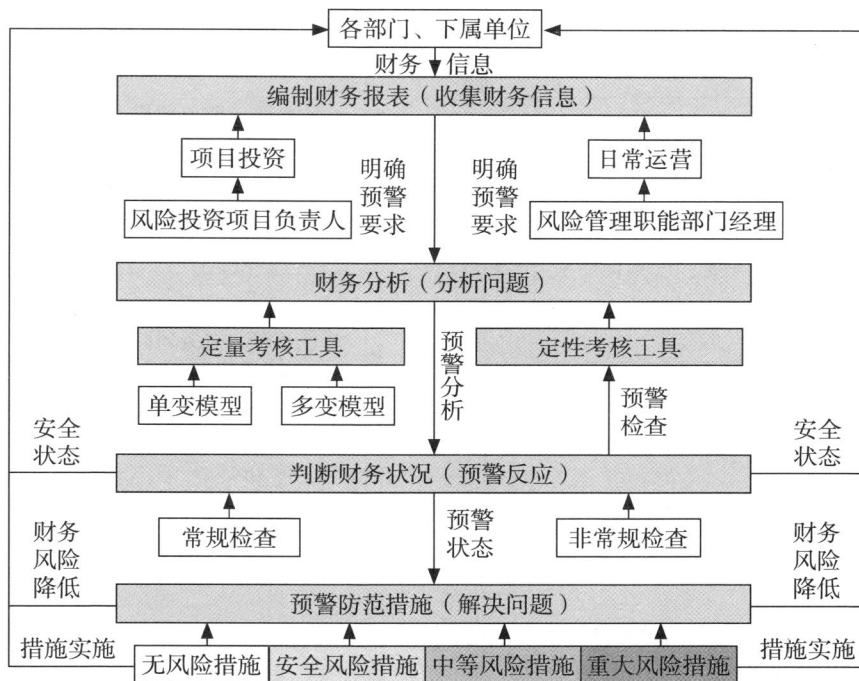

图 3-1　财务风险预警体系的整体架构图 [1]

（二）高校财务风险预警体系的基本内容

　　根据国内外高校财务预警系统建构的现有的研究成果，我们认为建立有效的财务风险预警模型，应以现金流、财务指标和特征事件为考量基础，为高校的风险管理进行服务，从而有效地引导管理者在决策过程中，充分考虑影响决策的各种因素，采用定量和定性相结合的分析方

---

① 　白万纲．集团财务管控实操全解 [M]．北京：中国经济出版社，2014．

法,运用科学的决策模型进行决策。因此,以现金流量模型为核心的高校财务风险预警系统包括三个判别基础,分别为现金流量模型、财务风险指标体系以及财务风险特征事件(图 3-2)。

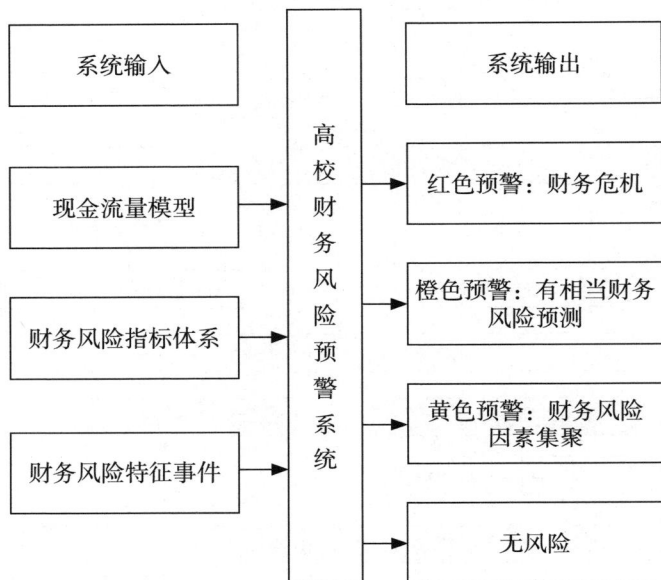

图 3-2　高校财务风险预警系统的内容

（1）现金流量模型具有以下几个方面的优点,一是输入数据的可靠性相对比较强,二是可以动态反映和观察风险,三是更加贴近现实和人们的理解;不足的地方是根据目前我国高校财务管理的现实发展状况,要想使这一模型定量分析预测的功能得到最大程度的发挥还需要下大功夫。

（2）财务风险指标体系具有比较充分的理论分析,能够多视角对财务风险进行考察,在具体的实践中应用的也比较多。但其也有一定的缺陷,比如因为其输入的数据具有较强的可操纵性,这就造成了其可靠性相对减弱,再有就是每一项指标对总体风险产生影响的权重不容易确定。

（3）财务风险特征事件的优点是有时会比定量分析的结果更加可靠和有效;但也存在着一定的不足之处,一是对于评估者个人的经验和判断力依赖性较强,二是一旦出现了有效的特征事件,那么就说明风险一般已经累积到一定程度,预警的功能显得欠缺。

因此,基于以上分析,综合三者来对风险进行判断,可以取长补短,使风险的识别功能和识别的可靠性得到一定程度的强化。针对上述三个系统输入的各自特点,我们在实践过程中对高校财务风险预警系统进行设计和应用时,其主要思路是把现金流量模型作为核心的评判模型,从现金流量维度对高校的财务状况进行定量描述,然后对高校财务风险的状况和具体走势进行分析;财务风险特征事件可以作为辅助评判模型,对高校财务风险的判定做出定性补充;财务指标体系是验证模型,其主要作用是对高校风险状况提供数据验证,帮助高校能够在第一时间、从多个方面对自身的财务状况加以分析和了解。

三、高校财务预警体系构建的流程

这里基于现金流量模型对高校财务风险预警评价体系的设计进行分析。

(一)模型构建的思路

高校财务风险评价的目的是对高校的资金管理进行规范和强化,及时地有针对性地对高校资金运动过程中已经产生的或有可能产生的各项风险进行揭示。高校财务预警系统作为一种风险诊断工具,更加强调的是对过程的管理而不是判别资金或事项的结果,强调的是有效防范风险而不是在风险产生以后进行补救。因此,相关部门或工作人员对于由现金流出现断裂产生的财务风险固然要进行披露,但是我们这里的财务风险评价体系更加强调预警和监管财务管理过程中呈现出来的各项征兆。在设计和构建评价规则时需要特别注意风险的分类化评价和等级化评价两个方面:分类化评价要求选取一定的评价指标反映出高校总体运行、日常运营、投资以及筹资等四类风险情况;等级化评价要求根据风险的危害程度进行定性划分。风险分类与风险等级关系如图 3-3 所示。

风险分类　　　　　　　　　　风险等级划分及判别

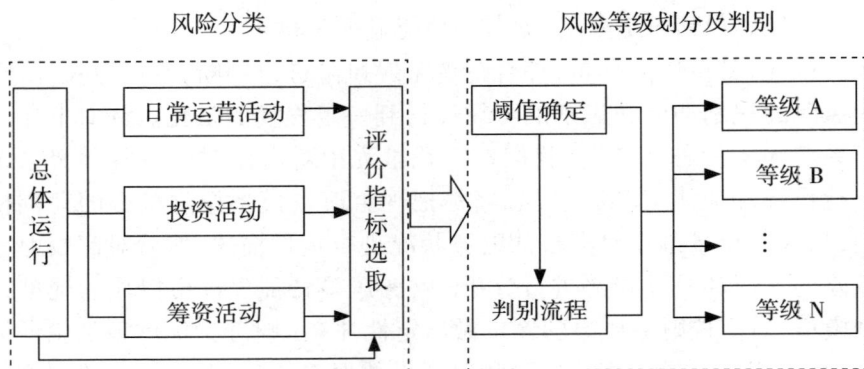

图 3-3　风险分类与风险等级关系

　　分析来看,风险分类阶段主要找出能够反映资金活动中四类风险的评价指标;风险等级划分及判别阶段主要找出能够对评价指标进行风险等级划分的阈值以及建立判别流程,并据此给出高校风险的评估结果。需要注意的是,高校财务风险一般情况下是与高校发展呈现出阶段性的特征相伴随而产生的,在不同的时期会有不同的表现,在资金活动中,用于测度的各项风险指标也会依据侧重点不容而呈现出一定的差异,与此对应,在各个等级的描述中风险表征也会呈现出这种阶段性特点。因此,风险指标可以依据现实情况而进行灵活的调整与变动,但是,对于风险指标的选取与风险等级的表征应该具有一致性。

(二)选取分类评价指标

　　就高校财务实践来看,通常影响日常运营风险、投资风险以及筹资风险的决定因素是运营非限定性收支平衡状况与限定性收支平衡情况、自筹基建支出情况以及贷款利息支出情况等内容,所以可以选取以下几种具有代表性的参考指标。

　　1.总体运行风险指标

　　采用"期初现金余额＋本期运营收支结余"这一评价标准用于说明高校运营总体收支平衡的状况以及期初现金结余额的状况。这一评价标准如果大于零,则能够说明高校能够做到收支平衡,现金流转比较正常;而如果这一指标小于零,则表明高校的现金流转已经出现问题。

2.贷款风险指标

如果高校贷款额增加,那么其相应也会增加一部分的利息支出。一般来说,高校中长期性质的贷款项占有相当一部分,因此,并不是在各个年度都实际发生本金归还,而却要定期支付固定的利息支出,并且目前来说,高校的利息支出是日常运营经费中必须承担的。当发生贷款数额较大,日常运营支出中利息支出所占的比重过大时,贷款的财务风险就开始累积和显现,为此可以选用"利息支出占运营支出的比例"来作为贷款风险的评价指标,反映高校在这方面的风险状况。其中,运营支出包括两项内容,即高校的非限定性支出以及限定性支出。

3.投资风险指标

目前发展阶段,中国高校日常运营经费用于投资的主要流向是自筹基建,其经费来源为日常运营的收支结余,就此意义上考量,高校日常运营收支结余资金与用于基建支出的资金之间应具有匹配性。因此,对自筹基建等投资性资金流向的合理性判别用"投资及暂付款的现金净流量占本期运营收支结余的比重"这一评价标准。采用"投资及暂付款的现金净流量"反映用于自筹基建等投资性用途的资金流量,即"本期非现金流动资产"与"本期投资"两项净现金流出之和,其数值为现金流量表主表中的"本期非现金流动资产增加额"(表现为正值)与"投资产生的现金净流量"(表现为负值)之差。需要注意的是,这里所计算的自筹基建支出等投资性用途的现金净流出量,是忽略了投资收益以及不是用于高校自筹基建支出等方面的影响,使得该指标的计算值与实际自筹基建支出占收入的比例值有偏差。但该指标在高校之间比较应用时,因计算口径一致,依然具有可比性,能够对高校的投资风险加以揭示。

4.日常运营风险指标

对日常运营风险的考量可以从两个方面加以分析。即"限定性收支净额"和"非限定性收支净额"。同时,为了做到各个高校之间运营风险的具有相对的可比性,进一步设定了"非限定性收支净额与本期运营收支结余的之比"这一相对值评价指标,来关注运营活动产生的现金流量当中有多少来自高校非限定性活动的贡献。这样就用三个评价指标来综合考量高校的日常运营风险。

（三）设计风险等级

我们这里对高校财务风险进行等级划分，是从现金流量的角度出发，结合高校资金运动的特点，分别从总体运行情况、贷款情况、投资情况以及日常运营情况选取具有代表性的评价指标，根据高校在各个评价指标中的表现情况，将高校财务风险由低到高划分为不同的等级。

通常影响贷款风险、投资风险与日常运营风险的决定因素是贷款利息支出情况、自筹基建支出情况、运营非限定性收支平衡状况与限定性收支平衡情况等内容，所以，不同风险等级中的特征描述将围绕这些内容展开。

（四）风险等级判别流程

等级划分的流程，实际上就是对高校财务风险，由整体到局部层层进行考查。总体运行没有出现风险，并不代表贷款、投资以及运营方面没有风险；而总体运行一旦表现出了风险，必然表明其具体的资金管理活动中出现了较大的风险。因此，等级判别的流程可以概括为三个步骤。第一，初步诊断：对总体运行风险进行初步诊断，判别高校是否已进入风险最大的等级范围。第二，细化诊断：对分类资金活动的风险进行分别诊断，将高校自身财务状况及指标值与相应评价指标中的阈值做比较，考察各类风险的情况。第三，综合诊断：综合考虑总体风险与各类风险的等级结果，最终确定高校的风险等级。一般来说，总体风险等级与各类风险等级中的最差等级决定了高校的财务风险等级，即按照木桶短板的原理来确定。

（五）评价结果运用

风险等级划分的最终结果，在个体层面上，用于描述一定时期内具体某高校的财务风险状况；在整体层面上，则可以揭示各个风险等级的高校分布情况，以反映这一时期高校财务风险的整体状况及程度，为教育主管部门对高校的财务风险管理提供依据。

　　由于高校财务风险的等级评价是对总体风险及分类风险情况的综合反映,因此针对高校风险产生的具体原因,可以通过日常运营风险、投资风险、筹资风险中的单因素、双因素及三因素分析予以确定,对高校需要着重加强那部分具体风险管理加以识别;同时对教育主管部门而言,可以通过汇总各高校风险产生的原因,对导致这一时期高校整体财务风险的取向和原因进行诊断及评价。

第四章

高校财务基本业务控制

　　高校财务内部控制是对高校所有的经济活动内容所实施的控制，其控制的目的是为了实现高校财务管理目标。有效的财务内部控制不仅关系到高校的各项财务管理目标能否实现、办学目标能否达到，也是我国当前高校改革、建立高校财务绩效管理制度的一项根本要求。

第一节

预算管理与成本控制

随着市场经济的发展,高等院校争取到的财政拨款与筹集的资金越来越多,各高校可以支配与运用的资金逐步增加,能否科学合理地利用这些资金已经成为主管部门与社会评判高校的一条重要标准,也是高校管理层必须面对和解决的难点,这就需要建立一套完善而有效的内部控制体系。

一、高校预算管理

预算控制在整个业务控制中居于核心地位,它对合理规范资金分配流程,提高资金使用的科学性和效益性,实现高校有限资源的优化配置等方面均具有十分重要的意义,是高校内部控制的重要组成部分。

高校预算是指高等高校根据事业发展规划和工作计划编制的年度财务收支计划,反映了一个预算年度内高校的资金收支规模和资金使用方向。高校预算由收入预算和支出预算组成。

(一)高校预算管理的分类

1. 根据管理级次划分

高校预算按管理级次划分,包括校级预算和二级单位预算,校级预算是高校层面的预算,由高校财务部门汇总各二级单位预算后综合编制而成的；二级单位预算是高校预算的基础，它是由各部处、各学院等二级单位自行编制而成的。

2.根据使用者划分

高校预算按使用者划分，包括部门预算和校内预算，部门预算是上报给教育主管部门和财政部门的预算，使用者是政府部门；校内预算是高校根据下达的部门预算而编制的，使用者是高校领导和校内各部门。

（二）高校预算管理的目标

随着预算管理理论的不断发展，预算管理的实践也得到进一步的深化和完善，当前高校预算管理的目标主要有以下几方面。

1.预算管理体系控制目标

预算管理体系控制的目标主要体现在建立科学的预算管理运行机制，明确预算业务各环节的工作要求、工作流程、审批权限和责任划分等方面。高校需要建立起全面周全的预算管理体制，明确各相关部门的职责权限，制订和完善预决算管理各项规章制度。由于预算管理岗位在高校财务内部控制中处于重要位置，因此，必须明确相关岗位的职责权限，确保预算业务各环节不相容岗位的分离。

2.预算编制控制目标

确保预算编制过程中高校内部充分沟通协调，流程设置合理顺畅，公开透明。确保预算编制与高校年度工作计划和事业发展战略规划的匹配性和一致性。保证高校年度预算编制科学、准确、合规、合理、及时，完整。统筹兼顾，保障重点，妥善安排各项资金需求，力争收支平衡。

3.预算审批控制目标

确保预算审批流程设置科学，各个环节的审批要求和时限明确。校内各个审批主体职责明确，分工合理，认真负责。经批复后的预算指标分解细化，下达及时，不得影响各二级单位的预算执行。

4.预算执行控制目标

预算执行主体明确,责任清晰,资金使用审批权限明确。确保预算执行严格按照批复的要求执行,杜绝无预算或超预算执行。预算执行严格按照规定的审批流程进行,严禁违规使用资金。加快预算执行进度,力争达到预期的预算目标。

5.预算调整控制目标

严格审核预算调整事项的必要性和可行性,没有特殊情况不得随意提出预算调整。严格预算调整程序,保证调整程序合法合规,严禁未经批准擅自调整预算。明确预算调整审批权限,确保审批符合规定。

6.决算控制目标

资金决算管理是高校账务管理的主要组成部分,是高校依据原始的生产经营数据与长期战略规划的具体需要,综合企业运营现状,对高校资金使用情况进行合理考核、实时监控和事前预估。其不仅是对高校其他预算项目的机械整理和汇总,而且是作为统筹规划和平衡企业资金收支的管理活动,实时反映企业在生产经营过程当中的资金现状。确保高校实现对年度决算报告编制的真实、完整、及时、准确,能够真实反映高校的财务状况和收支情况。

7.绩效评价控制目标

绩效考评控制是指高校通过考核评价的形式规范各级管理者及项目的经济目标和经济行为。它强调的是控制目标而不是控制过程,只要各级管理目标实现,则企业战略目标就得以实现。明确校内预算绩效评价牵头单位,制定绩效评价方法和指标,科学合理地开展评价工作。及时反馈评价结果,重视绩效评价结果运用,建立奖惩机制,落实奖惩责任。

绩效考评系统主要包括考评指标和考评程序的制定、考评方法的选择、考评结果的分析和纠正偏差与奖励措施等关键环节。绩效考评控制系统从考评对象来分,应分为经营者绩效考评控制和教职工绩效考评控制两大系统。

（三）高校预算管理的基本原则

对于公立高校而言,国家拨款是其主要的经费来源,包括中央财政拨款和地方财政拨款。国家对高校实行核定收支、定额或定向补助、超支不补、结转和结余按规定使用的预算管理办法。这种预算管理办法具体来说,国家一方面通过设定生均拨款标准、核定在校学生人数向高校提供基本拨款,另一方面通过设置各类专项资金向高校提供定向拨款。对于高校超支部分国家不再补充,结转和结余资金按照国家相关规定使用。

因此,高校预算编制应当遵循"量入为出、收支平衡"的原则,不得编制赤字预算。收入预算应当积极稳妥,高校凡是应当纳入预算的各项收入都要纳入预算;支出预算编制应当统筹兼顾各类资金,重点保证人员支出和运行支出,资金投向尽可能向教学和科研倾斜,另外还要坚持勤俭节约的原则,大力压缩"三公"经费和一般性公务支出。

（四）高校预算业务控制的具体措施

1.完善高校预算控制的组织机构

高校的预算控制是一个复杂的系统工程,它需要有分工合理和职责明确的组织机构设置,涉及预算编制机构、咨询机构、决策机构、执行机构、绩效评价机构、监督机构。高校应当根据国家预算法规和上级有关政策要求,结合高校实际情况,制定和完善预算管理制度,应当包括预算编制、预算审批、预算执行、预算调整、决算、绩效评价等内容,确保整个预算管理流程都依法依规进行。高校应当制定一套规范合理和顺畅的预算业务控制运行机制,并严格按照规定的流程和权限执行。

2.把握好高校预算编制的依据和原则

高校预算编制环节是高校预算管理的起点,预算业务控制就是要保证年度预算编制依据合理、程序规范、要求明确、方法科学、内容完整、数据准确,保障高校收支平衡,妥善安排各项资金需求,确保高校年度工作计划和事业发展战略规划的实现。

以财政拨款为收入来源主体的高校应该严格执行国家预算法规、

财政部相关预算编制的政策要求、上级教育主管部门的工作要求以及高校制定的预算管理办法,确保预算编制合法合规。高校还应该关注国家经济形势和政府财政增长状况,这样才能准确预计高校收入增长趋势,做好五年财政规划和三年滚动预算,为年度收入预算的编制打好基础。预算编制务必与高校的事业发展规划和年度工作计划紧密衔接,根据规划和计划确定预算编制原则和重点投向,将工作任务与预算支出一一分解和对应,切忌计划与预算严重脱离。

3. 明确预算编制的各项要求

高校建立财务管理体制需要遵循"统一领导,分级管理"的原则,高校的财务预算编制工作包含了高校和下属院(系)两个层面,这两个层面应当上下结合、分级编制、逐级汇总,明确每个层面在预算编制中的职责分工,最后由财务部门综合平衡,编制出高校的预算草案。强调预算编制的时限要求,高校预算编制从启动到批准下达有严格的时限要求,否则将会影响预算的执行,因此预算编制的各个环节必须严格按照规定的时间完成,不得随意拖延。

建立科学的预算编制方法,一是合理设置预算目标及指标,高校根据事业发展规划和年度工作计划设定预算将要达到的目标,借鉴财务管理目标来设置预算绩效考核指标,这是做好预算编制的前提。二是高校结合上一年度预算执行的评价结果,采用"基数 + 适度增长 + 绩效修正"的编制方式,科学合理地确定各单位、各项目的预算额度。[①] 三是要建立论证机制,对于基本建设、大型维修、大额物资采购等重大事项,应当组织相关部门和专家对项目的必要性、可行性、预算金额的合理性等内容进行科学论证。

4. 健全预算审批环节的控制措施

健全预算审批机制,由于高校预算实行两级管理,涉及多个预算审批机构,包括二级学院的党政联席会、职能部处的处务会、财务处、教代会、高校预算委员会或财经工作领导小组、校长办公会、党委常委会等,这些机构分别履行各自的审批职责,从低到高,逐级审批,层层把关,形成了完整的高校预算审批机制。在此过程中发扬民主、充分讨论、集思

---

① 刘罡. 高校财务内部控制实务 [M]. 北京:中国农业大学出版社,2018.

广益,民主理财、全员参与,确保预算审批环节严谨可靠。①

明确预算审批权限,高校预算审批环节涉及校内多个部门和机构,每个机构在其中的权限是什么,应当承担怎样的审批责任,必须加以明确。比如,高校二级单位领导班子负责该部门预算的审批,财务处负责高校预算的初步审核,教代会负责预算听证,高校预算委员会或财经领导小组负责预算审议提出修改意见。校长办公会和党委常委会负责审定预算。通过明确各自的审批权限,就可以解决部门间权限重合或责任缺位问题,从而避免审批风险。

规范预算审批程序,高校应当按照内部控制的要求,规范审批流程,明确审批流程中的先后顺序、审批时限要求等。具体包括,校内各二级单位提出预算需求,报到财务处进行初审和汇总编制,财务处提出高校预算草案,征求教代会意见后,提交高校预算委员会或财经领导小组负责预算审议,再次修改后提交校长办公会审议,最后由党委常委会审定通过后,下达预算到各二级单位执行。

5.严格预算执行环节的控制措施

高校为了最终达到预期的预算目标,需要严格执行环节的控制并尽量加快执行的进度,确保预算按照批复的要求执行,确保资金使用合法合规。

批复后,由财务部门细化高校的预算并将预算批复下达到各下属院(系),各下属院(系)执行预算需要严格参照批复,不得随意篡改与超支。严格预算执行环节的控制包括以下具体措施:一要明确责任,每个使用经费的单位就是责任主体,要对预算执行负有直接责任。二是资金使用严格按照预算要求的项目和内容开支,不得随意变动开支内容,也不得擅自扩大开支范围,提高开支标准。三是预算执行不得超出批准的额度,不得超预算开支,更不能在无预算安排情况下就发生支出,事后再补报预算。

强化资金支付审核把关,一是高校应当健全预算资金支付审批办法,明确资金审批权限,规范审核程序。二是做好资金支付前准备工作,做好资金使用计划和论证,规范填写资金支用单据,及时提出支付申请。三要加强审核把关,二级单位负责人要认真审核本单位的资金支

① 刘罡.高校财务内部控制实务[M].北京:中国农业大学出版社,2018.

付,并对其真实性、相关性和合法性负责;财务人员也要加强审核,确保资金支付符合预算要求,手续完整齐备。

加快预算执行进度,高校的预算资金往往有执行进度方面的要求,特别是国库资金的执行要求更加严格,一般要求在年内执行完毕。高校应当高度重视预算执行工作,加强组织领导,落实执行责任。制定预算执行计划,按月分解用款额度,及时支付款项。建立预算执行的奖惩机制,加强结转结余资金管理,制定盘活财政存量资金政策,加快预算执行进度,提高预算执行质量。

6.强化预算调整环节的控制措施

为了确保高校预算的严肃性,高校预算下达后一般不予调整。但在预算执行过程中,由于特定原因的存在,也会允许一定的预算调整的发生,这也是为了确保预算顺利进行的必要举措,但是要从严控制。因此,高校要明确预算调整发起的因素和条件,具体包括:校内机构调整或职能转变,国家政策发生变化,外部环境的影响制约,工作任务发生变动,市场价格或支出标准发生变化等客观因素导致确需调整预算的,方可提出预算调整的申请。①

高校应当建立健全预算调整的流程,严格按照有关规定履行相应的预算调整审批程序。当确需进行预算调整时,预算执行单位首先要提出预算调整的书面申请,报高校财务部门审核,财务部门同意后,根据预算调整的内容或金额,有的上报分管校领导审批,有的需要上报校长办公会、党委常委会决定,有的项目调整还需报上级主管部门审批。

7.重视决算环节的控制措施

及时准确地编制年度决算报告是我国高校决算环节的首要控制目标,只有明确有效的编制及审批程序,编制出的年度决算报告才能够真实反映高校的收支明细和财务状况。

决算编制工作的控制措施主要包括以下几点:第一,高等院校要建立起周全的决算管理制度,明确财务部门在决算编制工作中承担主要责任,并明确各相关部门的协助责任与权限分工;明确决算编制的范围、内容和时限要求。第二,高校在年终编制决算前,需要全面进行收

---

① 刘罡.高校财务内部控制实务 [M].北京:中国农业大学出版社,2018.

入和支出核实、债权债务清理、对外投资核对、固定资产盘点、收入催缴及费用清算工作,这些工作是确保决算编制准确完整的保障,应当明确专门的机构及人员负责,并在预定时限内完成,确保财务信息真实、全面、完整。第三,是财务部门认真编制决算草案,决算应当符合法律法规的要求,做到收支真实、数据准确、内容完整、报送及时,确保决算编报质量。[①]

高校应当加强决算审批工作,明确审批流程。决算草案编制完成后,财务部门应当进行内部会审,然后报送高校财经工作领导小组、校长办公会、党委常委会逐级审批,最后报送教育主管部门和财政部门审批;经批复后的决算及时归档保存。

高校应当加强对决算数据的分析,科学设置分析指标,分析的内容包括预算与决算之间的差异分析,不同年度间收入、支出、结余的变动情况,资金使用效益分析等。高校应当综合运用各种分析方法,对高校整体财务状况及校内各部门的财务收支进行横向与纵向比较,并对存在的问题提出改进建议,为来年预算安排及高校重大决策提供依据。

8. 做好预算绩效评价环节的控制措施

为了建立预算业务控制的全过程绩效管理机制,实现"预算编制有目标、预算执行有监控、预算完成有评价、评价结果有反馈、反馈结果有应用"的目的,高校需要对预算控制进行绩效评价。

高校应该把预算绩效评价工作提到财务管理工作的重要议程中,高校应当树立绩效的理念,高度重视并积极推进预算绩效评价机制的建立。建立绩效评价工作机制,明确工作牵头部门,制定绩效评价管理办法,确定工作流程和工作范围,建立绩效奖惩机制,扎实推进此项工作。

设置预算绩效评价目标是开展绩效评价工作的前提,它包括绩效标准、绩效指标和绩效内容。高校应该在预算编制时设置绩效目标,随预算批复一并下达,并根据财务工作总体目标来制定工作的目,在制定目标时需要以具体性、可衡量性和可实现性为标准,来考虑财务绩效评价是否可以清晰地反映预算资金的预期产出和效益;绩效目标的制定既可以针对高校整体的支出目标,也可以针对具体的项目支出目标。

---

① 刘罡. 高校财务内部控制实务 [M]. 北京: 中国农业大学出版社,2018.

高校绩效评价工作牵头部门要及时将评价结果反馈给具体执行单位,督促其改进工作,完善管理,切实提高管理水平;同时也要将评价结果向高校管理层报告,作为以后年度安排预算的重要依据;并与项目单位负责人的年度考核挂钩,对严重违规的要建立问责机制。

二、高校成本控制

高等院校承担着人才培养、科学研究、社会服务和文化传承四大任务。虽然高等院校的资金来源主要依赖国家财政拨款和被服务者缴费,不以营利为目的,但这并不意味着高校不存在"投入与产出"的概念和过程。国家向高校拨款,当然希望高校能够培养出"德才兼备"的合格人才,希望能够产出可以推动社会进步的"科学技术"。高等院校中的不少科研团队、大牌知识分子和项目负责人手上都掌握着数百万乃至数千万元的科研经费。清华和北大等名牌大学的二级学院(实行校院二级管理)负责人手上掌握的运行经费甚至可以达到上亿元。[①]

高等院校的二级学院(包括各部处)、研究院(所)、实验室都有收支活动,无论是使用纳税人的资金(财政拨款),还是使用被服务人的资金(消费者的缴费),各资金使用单位的最终"产出"至少都应该达到最初"期待"的要求。现今,越来越多的民间资本进入了高等教育领域,高校的经营模式日趋多元,高校管理与企业管理的界限逐渐模糊,事业单位企业化管理是当今社会的一股潮流。

由此可见,无论是企业还是高等院校,在市场经济的前提下都会发生经济活动,任何经济活动都应当权衡"实施成本"与"预期效益",以适当的成本实现有效控制。高校同企业相比,对待"成本效益"的区别在于:企业需要进行成本与效益匹配账务核算,高校则不需要这方面的账务核算。虽然高校不需要成本效益账务核算,却依然需要用"成本效益"原则去指导职工的行为,用"成本效益"原则去评价职工的工作绩效。原本行政事业单位内部控制的客体就是单位的经济活动,必然需要考虑经济活动的特质,离开"成本效益"原则,内部控制制度的设计、

---

① 邵积荣.高校经济活动内部控制研究[M].广州:羊城晚报出版社,2017.

实施和监督就失去了动力。"成本效益"原则是内部控制的灵魂,高等院校的内部控制同企业内部控制一样,不能没有"成本效益"这一原则。

"没有最完美的内控,只有最适合的内控"。一般而言,单位应该将错误或潜在风险可能造成的损失和浪费控制住或控制在可以接受的界限之内,然而,在实际工作当中,一些理想的内部控制往往会因成本过高而最终被迫放弃。如,在高校里,理想的工程造价应该经过如下程序:首先由基建后勤部门的专职造价管理人员进行初审,然后再提交审计部门进行造价审计,最后才委托社会中介机构进行结算审计。完善的造价岗位配备和完整的审核流程,对于工程项目多的高校是非常必要的,但对于基建工程量小的职业高校,未必都会配备足够的工程造价人员,因为专设造价审核岗位支出往往会比工程费用审减数额更高,从成本效益角度来看,用导弹打野猪的做法是不划算的。

第二节

收入与支出业务控制

早在 1993 年中共中央、国务院颁发的《中国教育改革和发展纲要》中,明确提出"要逐步建立以国家财政拨款为主,辅之以征收用于教育的税费、收取非义务教育阶段学生学杂费、校办产业收入、社会捐资集资和设立教育基金等多渠道筹措教育经费的体制"。由于高校经费筹集的多元化,高校面临着更高的筹资风险。在这种情况下,急需建立一套完善的高校财务筹资内部控制体系,用来对高校财务筹资行为进行规范。

一、高校财务收入的内部控制

经费收入（筹资）是高等高校重要的财务行为，我国金融环境的日益改善，为高校的资金运作提供了良好的环境；教育体制改革以来，高等学校作为独立的法人地位的建立，使得高校拥有理财自主权。高校的筹资活动即是高校按照有关法规的规定，运用一定的方式，从有关渠道取得一定数量的资金。

（一）高校对财政拨款内部控制的任务目标

财政拨款在高校资金收入中所占的比重逐渐下降，但仍是高校收入的主要组成部分。高等高校对财政拨款内部控制的任务目标包括"权责明确、行为规范、管理严格、监督到位、运行有效、服务优质"，为实现这个目标，高校应该多渠道筹集资金，加强预算管理，科学配置资源，努力节约开支，提高资金使用效益，要通过体制改革、机制创新、制度完善、队伍建设等措施，为提高高等教育质量服务，为培养创新型人才服务，为增强高校科技创新能力服务，为构建和谐校园服务。

（二）高校对财政拨款内部控制的保障措施

要建立组织规划控制，即对高校组织机构设置、职务分工的合理性和有效性所进行的控制。

1.领导负责制

高校领导作为高校的财务负责人，要清楚地认识自己的职责与重任，要认清高校的自身优势与发展前景，不能单纯地追求耀眼的政绩，应该全面履行财务工作的组织领导责任，严格遵守和落实各项规章制度，切实重视并支持财务工作，要将规模、结构、质量、效益之间的关系统筹协调好，确保高校各项事业持续健康发展。

2.成立财经领导小组

高校成立由校长负总责、分管副校长和各单位主要负责人参与的财经领导小组,统一领导和协调高校的财经工作,提高高校对财经工作的统筹调控能力。

3. 理顺财务管理体制

高等院校必须确保财务规章制度、经济分配政策、财务收支预算、会计核算等高度统一,实行"统一领导,集中管理,分级负责"的财务管理体制。

4. 建立重大事项集体决策制度

高校应该建立起完善的重大问题集体决策制度、专家咨询制度和决策责任追究制度。凡是涉及高校重大经济决策、大型的投融资项目以及大额资金使用,必须组织相关专家进行科学论证,经高校财经领导小组研究后,最终决定由高校党委会集体讨论后做出。

5. 建立总会计师责任制

高校按照国家有关规定经批准可以设置总会计师岗位,协助校长全面领导高校的财经工作,直接对校长负责。

6. 强化财务部门的职能监督

在高校校长和总会计师的指导下,财务部门是负责学院财务管理的综合机构,参与高校财经决策的讨论和有关规定制定工作,管理、核算和监督高校各类经济活动。

(三)对预算外收入的内部控制

不断提高高校的自我造血功能,千方百计地培育和开辟新的创收渠道,逐步提高创收水平,这是实现高校自我发展的关键。要加强各项收入的组织管理工作,特别是学杂费收入的管理工作,实行"收支两条线"管理,严格收费标准,建立收费部门负责与经费预算挂钩的奖惩办法,确保学费按时足额收取。严禁截留收入、私立收费项目、扩大收费范围和提高收费标准的问题,严禁使用非法票据,私设"小金库"。否则,不利于高校集中财力,容易造成腐败。

预算外收入资金内部控制的对策:

（1）多方筹措教育经费。高校除按国家规定收取学费、住宿费外，在法律允许范围内，充分利用自身的人才、技术、设施等资源优势和良好的社会影响，通过社会捐赠、盘活资产、开展合作等途径，以及校友会、基金会等多种形式，为教育事业发展筹集办学资金。

（2）严格收费标准。严格执行省级以上财政、价格主管部门批准的收费项目和收费标准。学费的收缴标准，必须考虑居民收入的水平，不是教育机构一厢情愿的。我国有关研究认为，非义务教育学费标准基准线应以六成家庭能负担得起的金额为基础。这样的收费标准使得学习成绩优异的学生不会因为家庭贫困等经济原因失去接受高等教育的机会。另外，居民收入容易确定，执行学费标准简单易行。合理测算收费标准，收费标准一旦确定，应严格执行。

（3）不得跨年度收费。高校的行政事业性收费一律按学年或学期收取，不得跨学年预收。服务性收费、代收费必须严格按照省级人民政府及其有关部门的规定执行，坚持学生自愿和非营利原则。

（4）实行收费公示制度。高校按照国家有关规定，严格执行教育收费公示制度，按照规定的方式将批准的收费项目和标准向学生公示，主动接受学生、家长和社会的监督，增强高校收费工作的透明度。

（5）自觉接受政府检查。高校收费接受财政、物价、审计部门的监督检查。通过政府职能部门的监督检查，可以规范收费行为，督促内部控制制度的建立和完善。

（四）对高校商业性贷款的内部控制

通过融资和商业性贷款方式，解决高校建设与发展的资金需求已成为当前的筹措资金的重要手段。高校要充分利用当前教育事业大发展、银行积极参与和扶持事业发展的优惠政策，根据高校规模和自筹资金能力，通过向银行贷款解决资金短缺问题。使用信贷资金以及确定贷款额度要从高校预期收益及对国家未来关于教育事业的宏观管理政策的科学分析两方面统筹考虑。

高校对商业性贷款内部控制的关键点在于：考虑资金成本承受能力，坚决禁止学院级的财务机构以任何形式从事股票投资及风险性债券投资业务。高校应该想方设法保证资金的安全，科学合理地规避各种贷款风险。"高等学校银行贷款额度控制与风险评价模型"由教育部、财政部共同研究开发,对贷款风险给出了相应的指标,各高校可以根据这个模型确定本校的贷款和风险指数。

二、高校财务支出的内部控制

高校需要建立健全人员支出、公用支出、项目支出等各项支出的执行机制,做到支出事项申报理由充分,实际开支符合有关规定,原始凭证合法有效,会计核算准确;严格各类付款审批,手续齐备,支付准确;严格对各个环节的监督和把控,及时发现并堵住漏洞。

(一)高校支出业务的内部控制目标

1.坚决执行财经纪律,不断提高政策水平

高校内部经费支出的管理,原则上实行"定额包干、结余留用、指标控制、自求平衡"的管理办法。高校支出要以教学、科研为中心,根据"重点突出、效率优先"的原则安排各项支出。加强基建资金管理。基建资金按"专款专用"原则,严格按照基建项目计划和施工进度拨付。严格财经纪律,是贯彻党的路线和国家方针政策的重要保证。财务工作要坚决执行财经纪律,不断提高政策水平。财务工作要经常通过财务监督和纪律检查,抵制在经济领域里的不正之风,控制经费开支,提高资金使用效益。

2.完善专项经费管理

高校不断完善专项经费管理,所有项目经费必须按照批准的项目和预算执行,专款专用,单独核算,按时完成项目任务,确保项目目标的实现。建立专项资金使用报批制度,坚持"专款专用"的原则,提高资金的使用效益。专项资金的报批,应先由申报部门提出专项资金设立的理由、项目的内容、资金的数额等,由高校领导同意后交高校财务部门,例如年度预算、专项资金一经审定,专款专用,不得超支。项目完成后要进行效果分析,提高专项资金的使用效益。人员经费、公用经费支

出要严格按财务规定的范围和标准列支,不得擅自扩大开支范围或提高发放标准。高校所属企业及其他独立核算和非独立核算单位在经营活动中耗费的学院资源,如水、电、材料、人工等,应有偿使用。高校要优化支出结构,逐步加大经费支出中公用经费部分,特别是教学、科研方面支出所占的比重。

3.加强科研经费管理,提高科研经费的使用效益

根据国家有关规定,高校应该加强科研项目经费支出管理和内部管理制度。科研项目经费属于财政拨款,应该做到专款专用,其支出必须严格按照批准的预算执行,重点加强对项目管理费、劳务费、国际合作与交流费、协作研究费等支出的管理。承担科研项目的单位要明确科研、财务等部门项目负责人在科研项目经费使用与管理中的职责和权限。科研项目经费纳入高校财务统一管理,单独设账,专款专用。鼓励有科研能力的部门和个人申请上级专项科研项目。专项科研经费实行专户管理、按比例管理的办法。坚决杜绝违反相关规定自行调整预算和挤占挪用科研项目经费,严格禁止超出规定的开支范围和开支标准的各项支出,对于层层转拨科研项目经费和违反有关规定将科研任务外包的行为必须进行严肃处理、严厉惩罚。包括校长在内的高校党政主要领导要把科研经费管理、分管财务、科研工作提到重要日程,校领导必须对科研经费的使用和管理负责,高校科研、财务等部门及科研项目(课题)负责人必须切实履行科研经费管理与使用的职责。

(二)高校支出业务控制流程

高校支出业务控制是一个相互监督的严格的流程,主要明确了经费支出流程的各个节点、岗位分工、管控要求,并对流程节点进行详细说明。经费负责人对职权范围内经济活动的真实性、合法性、有效性负责;不得报销各种不真实、不合法、不规范的票据。经费由各单位行政负责人审批,因特殊情况需他人代审批时,需向财务处提供书面委托。

所以说,支持内部控制系统的信息通常主要来源于高校组织中的财务会计系统。但是目前的财务会计往往过于注重数据处理的技术细节以及对外财务报告,强调遵从法律要求,较少考虑到员工的激励、业绩评价或管理决策。例如,大多数财务会计系统不区分固定和变动成

本性态,也不注意运用恰当的成本动因,而这些对内部控制与管理决策却是至关重要的。因此,有些高校就设置了双重会计系统:一个用于对外财务报告,一个用于支持管理控制,即实行财务会计和管理会计的区分。管理会计重在为内部控制、组织决定业绩评价等服务。

电算化在会计领域广泛应用与推广,以互联网为基础的电子商务给高校带来形式多样的商机的同时也给内部控制带来了新的问题和挑战。高校需要不断设计出新的内部控制制度来应对新情况及新功能的出现,伴随电子商务出现的财务新功能,诸如网上采购、网上销售及相应的网上银行、网上支付、网上催账、网上报账、远程报表、远程审计等,必须要求有相应的内控程序加以配合。

第三节

资产与债务控制

国家和政府将大量的资金以项目经费的方式拨款至高校中,人们会明显地看到高校的办学环境、教学设备、师资队伍等方面有了较大的改善,高校的办学条件和面貌发生了很大的变化。同时,项目经费的使用与管理问题,也更为突出地进入了人们关注的视野之中,成为关注的焦点。在此,项目经费的内部控制设计包括两个层次的内容:内部控制的制度设计、主要类型的项目内部控制活动设计。内部控制制度的设计,是保证内部控制活动能够得到有效控制的基础;主要类型的项目内部控制活动设计,是具体的内部控制活动的控制目的、控制手段和控制方法。高校项目经费管理中存在较大问题的根源,在于对项目经费缺乏专门的机构、专门的制度进行管理和规范。建立专门的机构、制定专门的制度对其进行管理,是有效管理与控制项目经费的重要措施。专门的机构为:高校项目经费领导小组;专门的制度为:关于项目申报、评审、管理的相关规定。

一、高校资产业务

随着高等教育事业的迅猛发展和办学形式的日益多样化,高等学校由于其他组织结构和社会作用的特殊性,所以高校的财务管理工作也相对复杂。高校的扩招、新建扩建、合并、合作办学等不仅造成了高校规模的扩张,而且也持续改变着高校内部资产管理体系架构和流程,高校内部推行的后勤、财务、人事、分配等各项制度改革,对高校的资产管理工作不断提出新要求。尤其是高校资产业务涉及多项专门规定,高等学校资产规模急剧膨胀,资产构成日趋复杂,高校的资产管理难度随之也越来越大。

(一)高校资产业务的组织管理体系

高等学校资产一般实行"统一领导,归口管理,分级负责"的管理体制,统一管理是指资产管理实行校长负责制,分管副校长协助校长工作;归口管理是指按其不同形态和分类,由相关部门归口管理;分级负责是指高校、管理部门、使用人分别按不同职责管理或使用资产。

高校资产业务的组织机构包括使用部门、归口管理部门、监督部门。其职责如下:

1.使用部门

(1)资产使用人负责资产的日常保管与使用,正确使用资产使其发挥最大效能;在职责范围内保护资产的安全与完好,防止毁损、丢失;发现资产异常情况及时向归口管理部门反映,配合归口管理部门及财务处的资产清查、盘点、估价等资产管理工作。

(2)资产管理员负责本单位设备的登记、管理以及与财务处、资产管理处的沟通协调事宜。

（3）分管资产负责人，资产使用单位分管资产负责人为该设备日常管理第一责任人，负责本单位管理资产的安全与完整，完善本单位的资产日常管理措施；防止资产毁损、遗失；督导本单位资产使用人管好资产，用好资产。

2. 归口管理部门

（1）资产管理处负责固定资产与实验材料等实物资产的归口管理工作，代表高校对高校房屋、土地进行管理。负责公务车辆的编制、购置、转让、报废及资产台账管理。代表高校对设备家具类固定资产实施统一监督管理。负责实验材料的计划管理和采购供应工作，负责全校剧毒药品、易制毒化学品的统购管理和安全监管，对低值耐用品实施统一监督管理。负责固定资产的定期盘点，保证账实相符。配合财务处的资产管理工作，定期与其核对信息。

（2）财务处负责货币资金的归口管理工作。负责库存现金的日常管理。负责银行账户的开立、变更、撤销及日常管理。负责国库指标支付的操作和银行资金的收支。负责银行账户的日常管理包括凭证传递和对账工作。

（3）校产业管理处负责制定高校经营性资产管理的规章制度，并监督实施；负责经营性固定资产、流动资产、无形资产、对外投资及高校其他经营性资产的登记、统计、评估、检查工作。调查研究高校各类经营性资产的管理、使用、经营和变动情况；监督经营性资产的使用和保值增值情况；组织拟开办的经营项目论证；组织意向对外投资的科技成果，进行委托评估和论证，以及完成科技成果对外投资的审批程序，监督合同执行；负责资产经营收益的催缴。

3. 监督部门

审计处负责本校资产控制工作的监督检查。

（二）高校资产业务控制的目标

1. 资产业务组织管理体系控制的目标

建立健全高校资产管理体系，明确部门职责，落实部门责任；建立和完善资产管理的各项规章制度,按制度管钱管物,使之有章可循;完善资产管理的业务流程,使之运行规范有序。

2.货币资金业务控制的目标

确保银行账户的开立与使用、支票及现金的使用合法合规。确保银行存款和库存现金安全,主要包括:一是完整性,即收到的货币资金已全部登记入账;二是安全性,即通过良好的内部控制确保库存现金安全;三是合法性,即货币资金取得、使用符合国家财经法规,手续齐全、完备。确保货币资金信息真实、账实相符、数据完整可靠;确保货币资金的完整性,保证单位收到的资金全部入账;确保货币资金的效益性,使单位高效使用资金,加强货币资金利用效率,尽最大能力发挥效益。

3.应收账项业务控制的目标

制定科学合理的应收账款信用政策,保证资金的安全;规范过程控制,合理保证应收款项安全快速回收,降低资金流失风险;确保应收账项业务会计核算资料准确可靠、余额真实准确;规范应收账款处置行为。

4.存货业务控制的目标

合理配置存货,提高存货的使用效果;确保账实相符,信息真实完整;规范存货购置、管理、领用行为,防止存货舞弊。

5.固定资产业务控制的目标

合理配置资产,提高固定资产使用效果;规范固定资产购置程序,严格招投标管理;确保账实相符,信息真实完整;确保固定资产处置规范有序,避免资产流失。

6.无形资产业务控制的目标

确保无形资产的取得、使用和处置管理符合法律法规,避免高校承担法律风险;维护无形资产的价值,提高无形资产的使用效率,防止无形资产流失和被盗用;加强和规范无形资产管理,正确反映无形资产的价值。

7.对外投资业务控制的目标

建立对外投资活动的授权批准、职务分离制度,维护对外投资资产的安全与完整,提高投资的经济效益;规范单位会计行为,保证对外投资资产收益在会计报表中合理反映与揭示;合理投资结构,降低投资成本,规避投资风险。

(三)高校资产的分类

高校资产主要包括各种财产、债权和其他权利是指高校拥有或控制的能以货币计量的经济资源。根据不同的标准和分类原则,资产可以分为不同的类别:按耗用期限的长短,可分为流动资产和长期资产;按是否有实体形态,可分为固定资产和无形资产。综合以上分类标准,可以将高校资产划分为货币性资产(现金、银行存款)、固定资产、无形资产、对外投资等。

1.货币性资产

高校货币性资产主要指以货币形态存在的资金,包括现金、银行存款和其他货币资金。高校获得的财政拨款、收取的学费及其渠道获得的资金等收入属于货币资金的收入;教学活动、业务开展及日常管理则形成了货币支出。由于常经济往来中中货币资金的应收应付与实收实付并不是同步的,存在着时间差,这就形成了往来结算核算。

2.固定资产

固定资产是高校的主要资产。固定资产是指高校保障教学正常运行而持有的、使用时间超过 12 个月的,价值达到一定标准的非货币性资产,包括房屋、建筑物、专用设备、办公设备、运输工具等。高校的固定资产的特点体现在:价值比较大,使用时间比较长,能长期地、重复地使用。固定资产虽然在日常消耗中会发生磨损,但是并不改变其本身的实物形态。

3.无形资产

无形资产,是指不具实物形态、但能带来经济利益的资产,高校无形资产是指高校拥有或者控制的没有实物形态的资产。无形资产范围包括：转让土地使用权、转让商标权、转让专利权、转让非专利技术、转让著作权、转让商誉。高校无形资产的范围相对单一一些，通常包括专利权、商标权、购置的教学软件等。

（四）高校资产业务控制的具体措施

1.建立和完善资产管理制度

对高校国有资产实行"统一领导，归口管理，分级负责"的管理体制，明确资产管理工作实行校长负责、分管副校长协助工作的工作机制；同时，高校成立资产管理委员会，主任由分管资产的校领导担任，副主任一般由资产管理处处长担任，委员一般由校长办公室、财务处、监察处、审计处等部门组成。高校资产管理委员会职责包括：按照资产监督管理的法律、法规和规章，审核高校资产管理的规章制度，并对执行情况进行监督；审核高校资产优化配置方案，推动建立高校资产的共享共用机制；协调处理资产监督与管理中出现的重大问题；对高校资产转让和资产保值增值等情况进行监督；对高校对外投资、出资等重大事项进行论证；对各资产归口管理部门的工作进行指导与监督。明确资产按其不同形态和分类，由相关部门归口管理，各资产使用部门、单位负责人及使用人对本部门、本单位管理或者使用的高校国有资产的安全性、完整性和使用的有效性负责。[①]

高校应该建立适合自身发展的内部控制制度，真实完整地记录各项资产信息，保证资产管理业务涉及的货币资产、固定资产、存货、无形资产和对外投资控制环节有据可查无漏洞。高校内部控制制度的建立应该严格遵守"资产业务不相容岗位相互分离、制约和相互监督"的原则，特别关注关键岗位人员合理配置，明确职责范围、审批权限、工作要求等，防范资产损失或舞弊行为，保护资产安全、完整。

2.加强货币资金业务控制

实行货币资金的归口管理，未经授权的部门和人员不得办理货币

---

① 刘罡．高校财务内部控制实务 [M].北京：中国农业大学出版社,2018.

资金业务或接触货币,出纳人员不得由临时人员担任,印鉴分别保管,财务专用章由专人保管,个人名章由本人或其授权人员保管,负责保管印章人员配备单独的保险柜等保管设备。

高校为了加强对货币资金的业务控制,应该建立起不相容岗位相互分离的岗位制度,具体体现在支付的审批与执行相分离、货币资金的保管与盘点清查相分离、货币资金的会计记录与审计监督等岗位相分离。例如:出纳人员不得担任稽核、会计档案保管和收入、支出、费用、债权、债务账目的登记工作。履行资金审批程序,按照资金额度大小实行审批,重大资金流出需经分管财务校领导、校长签字审批。

依据高校资产业务管理原则,高校银行账户的开立、变更、撤销,应由专人管理,并由专人定期核对。加强银行账户管理,专人管理银行账户。对已失效的银行账户及时销户,防止多头开户现象。加强货币资金及时盘点,及时核对银行账户资金、货币资金,防止违规转移或隐藏资金的现象。

3. 加强应收账项业务控制

为加强应收账项的管理,财务处应建立各类应收账项的备查账制度。各应收账项的归口管理部门积极配合财务处建立健全各类应收款项的备查账,堵塞各种漏洞,协助财务处做好催收工作,维护高校利益。归口管理部门按照高校规定或合同约定的时间和标准按时、足额收回应收账项,并进行跟踪管理,定期做好催缴工作,及时向财务处反馈收缴信息。

财务处指定专人负责应收账项的清理,并采取"定期催报、限期归还,逾期扣款"的措施,严格控制应收账项的总额和占用时间,努力提高资金使用效率。[①] 财务处和归口管理部门应对应收账项进行跟踪管理,定期做好催缴工作,逾期三年以上,有确凿证据无法收回的应收账项,财务处编制清理报告,提出处置方案,按规定的权限和程序报教育主管部门和财政部门审批后予以核销。已核销的坏账,高校仍然保留追索权,应单独设置备查账。

---

① 刘罡 . 高校财务内部控制实务 [M]. 北京:中国农业大学出版社,2018.

4.加强存货业务控制

高校实施资产业务控制需要合理编制存货采购计划与预算,实验材料、低值易耗品供应实行计划管理,对应用于教学实验的实验材料及低值易耗品应由各科室根据需要上报品种与数量,由高校依据购置经费预算统一安排及采购,从科研经费材料费项目开支。购置的用于教学的实验材料、低值易耗品由高校统一存放,计为存货,各科室根据需要领用,管理人员发放时做好记录并报给财务处,财务处设置各使用单位的"实验材料经费"项目,用于科研的实验材料、低值易耗品的购置经费。

存货一般由资产管理处组织采购,由使用部门根据需要申报计划,确认经费来源,资产管理处统一采购和供应。危险化学品采购由使用单位提出申购计划,经使用单位负责人签字加盖公章后,报资产管理处审批,保卫部门备案,公安管理部门办理准购证后统一组织购置。规范验收程序,确保账实相符,实验材料、低值易耗品入库必须认真组织验收。

5.加强固定资产业务控制

完善固定资产配置申请制度,置固定资产,要按高校的发展规模、专业设置、科研方向统筹规划,制订好建设计划,按照程序报批。防范资产购置不符合单位实际需要,造成资源浪费和损失。固定资产采购有其严格的程序要求,单件或批量超过一定金额的还需要走政府采购的流程,进行招标采购。高校应当明确采购流程,并严格按照流程进行。

明确资产验收职责,规范验收程序。高校固定资产验收由资产归口管理部门根据合同、招投标文件及有关标准组织实施验收,资产使用单位、资产归口管理部门等应参与验收。明确固定资产验收标准,认真编写验收报告,对验收中存在的异常情况及时处理。验收合格后,由资产管理处及时办理入库、编号、建卡、调配和投保等手续,财务处登记财务账,确保账实相符,防止或防范资产购置损失。

6.加强无形资产业务控制

高校无形资产业务控制是指对高校无形资产的评估、核算等财务管理和对无形资产的开发、保护、利用等经营管理工作,加强高校无形资产管理能够增加高校的潜在财富、推动高校科技发展、强化高校知名度、提高高校竞争力、增强高校综合实力、促进科技成果转化为生产力、提高经济效益、维护高校的合法权益等。高校自行开发或研制形成的无形资产应依法及时申请并办理注册登记手续，明晰产权关系，依法确定由此形成的无形资产权属。

无形资产预期不能为高校带来利益时，应作报废报损处理，财务处应按规定的程序将无形资产的账面值予以注销。无形资产处置应按照平等合理、公开公正、依法合规原则进行，防止无形资产在处置环节流失。

7. 加强对外投资业务控制

校产业管理处负责对外投资项目的选择，对外投资预算项目需符合国家产业政策、高校发展战略要求和社会需要，并对项目进行严格周密论证，组织专家或者相关中介机构对拟立项的对外投资项目进行分析论证；财务处必须对投资项目所需资金、预期现金流量、投资收益以及投资的安全性进行测算和分析。由资产管理处牵头组织专家进行风险性评估和合法性审查，提出鉴定意见，经资产管理委员会复核提出意见，报分管校领导审核后提交高校教代会讨论，经高校党委会审定、校长审签。

对外投资项目立项通过后，由财务处负责向教育主管部门及财政部门报批，根据批复的投资计划对实施的投资进行财务核算，及时、全面、准确地记录对外投资的价值变动和投资收益，保管投资权益证书文件，及时收取投资收益及不定期对账；校产业管理处负责办理投资手续，对投资项目进行跟踪管理，定期核对投资结果情况；负责所投资项目的跟踪管理，按投资协议及时足额收回投资资产，提前或延期收回的，应报经校党委会审议批准，并向教育主管部门及财政部门备案。

高校投资的校办产业无法继续经营，应对其进行注销或股权转让，并依法依规到教育主管部门、财政部门等办理相关注销、转让手续。同时，财务处应依据注销手续注销对外投资的账面值。

二、高校债务业务内部控制

根据《事业单位财务规则》(财政部令第 68 号)、《高等高校财务制度》(财教〔2012〕488 号)以及《教育部直属高等高校内部控制指南》,债务是指债务人向债权人借予一定资金并约定在未来规定时间内偿还给债权人某种利益或者承诺的经济关系。高校债务是指高校所承担的能够以货币计量,需要用资产或劳务偿还的现时义务。[①]

高校债务在 1999 年之前,只有日常财务核算中发生的应付及暂存款等业务往来的正常款项,金额较小,期限也不长,基本是依靠国家财政拨款来满足办学需要。随着高校招生规模的扩大,财政拨款资金已经无法满足高校迅速发展的需要,高校逐步开始向外寻找资金来源来发展高等教育事业,大部分高校纷纷向银行申请贷款,从此走上了负债办学的道路。

(一)高校债务业务的分类

高校债务业务分别可以按偿还期限、按款项性质和按取得款项渠道不同分为不同的类型。

1.按偿还期限可分为中长期债务和短期债务

高校的中长期债务是高校向银行或非金融机构借入的期限超过 1 年(不含 1 年)的各种借款和高校发生的偿还期限超过 1 年(不含 1 年)的应付款项。短期债务是等高校按规定应缴入财政专户和国库等的应缴款项、向银行等金融机构借入的期限在 1 年内(含 1 年)的各种借款和其他各项偿还或结算期限在 1 年内(含 1 年)的应付及暂收款项。

2.按款项性质可分为业务内债和业务外债

业务内债是高校在教学科研及其他各项经济活动中,产生的收支往来等的校内业务款项,本章节称之为业务内债。业务外债是从银行或非金融机构以贷款、融资等手段形成的资金,即不参与高校内部经济

---

① 刘罡. 高校财务内部控制实务 [M]. 北京:中国农业大学出版社,2018.

活动所产生的各种借款,这里称之为业务外债。

3.按取得款项渠道可分为贷款债务、融资债务、政府债券和其他债务

某些高校由于规模扩张、教学设备升级更新、校园扩建等产生资金需求,一些金融机构向高校提供有偿借款,需要按贷款合同规定的时间、方式,以货币或实物形式偿还本息,因此高校产生了贷款债务。高校是贷款的主体,其实质是高校对金融机构的债务。其他债务是按《教育部直属高校经济活动内部控制指南(试行)》中所指,高校所承担的能以货币计量,需要以资产或劳务偿还的应付及暂存款项、应缴款项、代管款项等以及高校财务账上未反映的、且在未来需支付的工程款和应付款项等,均属于其他债务。

(二)高校债务业务控制的基本原则

随着高等教育体制的改革,高等学校资金渠道呈现出多元化,资金管理的难度加大,对资金管理监控难度也随之提高。对于正常经费的管理,高校基本上已经形成了一整套相对严格的管理体制。由于项目经费管理具有一定的特殊性,通常,高校中没有专门的机构、专门的制度对项目的申报、资金过程控制和绩效评价进行管理,对这部分资金的管理与控制具有一定的难度。同时,一些高校在项目经费管理中出现了一定的问题。为了进一步加强项目经费的管理,完善项目经费的内部控制,提高项目经费的使用效益,在此,特别对高校项目经费的控制活动进行专门的研究、设计。

1.明确责任,专款专用

债务管理实行的是专人负责制,债务负责人全面负责债务的偿还,对债务经费的使用管理也具有同样的权限。通常,债务回款的获得具有很大的不确定性,所以,各高校一般都没有相应的对项目经费进行有效管理与控制的制度制约,各项目负责人具有充分的权力自治。对于项目经费管理,高校相关职能部门基本上是在涉及其职能时,才行使管理职能,管理处于被动状态。比如,项目经费中涉及大型物资采购时,资产管理部门才会参与招投标管理和签订合同等管理。因此,对于项目经费的管理,更多地取决于项目负责人的责任心和道德水准,对项目

过程管理与控制缺少基本的制度制约。比如,一些高校出现了工程项目实施中,在支付工程款时缺少结算管理环节;项目涉及物资采购的,没有按照规定由资产管理部门负责组织采购和签订合同,而是项目负责人自行签订供货合同;项目结束后没有项目验收,项目结果不了了之等不规范操作问题。

2. 统筹规划、有序偿还

按照"谁举借、谁偿还"的原则,统筹高校资源,积极偿还债务。在贷款债务方面,高校要随时掌握银行贷款、融资债务和政府债券使用和余额情况,依据现有的筹资水平和财力的可能,合理制订偿债规划,确定偿还款项的目标和期限。可采取高校统筹事业收入、土地置换等收入以及财政安排预算资金等多种方式有序偿还债务。在其他债务方面,高校要严格按照高等高校会计制度规定的科目,对不同性质的债务分别核算和管理,及时清理并按照规定办理结算,保证各项债务在规定期限内归还。

3. 构建机制、严格管理

要立足当前,着眼长远,从严审批高校建设项目,严格控制高校建设标准,贷款额度一定要掌握在可以偿还的限度之内,建立健全高校财务风险控制长效机制,规范高校的贷款行为,同时也要规范其他债务的支付行为,严格控制高校的贷款计划,不允许高校用校产作抵押进行贷款。未经批准擅自向银行贷款,要追究高校及有关人员的责任,促进高校持续健康发展。

依据高校各类债务发生的类型不同,可将债务业务分为:借入款、应付及暂存款、应缴款项、代管款项和融资业务以及账上未反映的且在未来需支付的工程款和未付款项等。

高校债务业务的控制内容主要表现在贷款债务业务控制和其他债务业务控制两大方面。贷款债务业务控制分为:银行贷款债务业务、融资业务和政府债券业务。其他债务业务分为:业务内债务和潜在债务业务。

(三)债务业务控制的目标

债务就像一把双刃剑,一方面能解决高校发展的资金需求,改善办学条件,提高教学水平;另一方面过多债务会带来还款压力,产生一定的风险影响高校的正常发展。高校债务管理的目标是为争取流动性大、稳定性强、吸存方式灵活多样的各种存款,以扩充银行的贷款能力,并不断调整负债结构,以短续长、以小聚多、以收益的多重变换来适应资产结构的需要。例如美国对商业银行的存款管理有一套完整的立法,包括存款种类、方式、支付程序、银行与客户的权益关系,都依法进行管理。

1. 优化债务业务控制的环境

首先是要严把用人关,重视对债务业务重要岗位的人员配备和管理人员的配备,确保项目建设管理、资产管理、财务管理等各岗位人员具有较高的职业素质;其次是对重要岗位人员进行定期岗位培训,不断提高管理层和全体员工对债务业务控制工作重要性和迫切性的认识和理解;三是随着债务业务的更新与变化,要充分调动职工的积极性和创造性,确保债务业务控制得以有效执行,从而实现高校财务内控体系构建的系统性和科学性。

高校应基于本身的财力状况,制定适应高校总体发展的战略规划、师资队伍及科研队伍建设规划和校园校貌发展规划。在总体规划目标下,根据教学、科研事业发展需要和高校财力及偿债能力的可能,确定总体建设规模。高校在进行项目投资的前期,必须经过严密、科学的可行性论证,充分征求教代会的筹资意见,经高校最高决策机构集体研究决定筹资方案,保证投资方案的科学性和准确性。[①]

2. 建立健全债务管理责任制

高校实行的是校长负责制,校长是高校债务业务管理的总负责人,应明确相关的权利义务与违约责任,对全部贷款及各种债务资金使用的安全性、合理性和有效性负全面责任。因此,高校在进行项目建设贷款之前,必须进行大量的前期工作,组织项目筹资分析会,来进行可行性分析研究和偿债能力的平衡分析,做到心中有数,保证建设项目运行的高效性、严密性和合理性。要建立健全债务业务管理责任制,完善内部风险防控机制,对高校债务决策人实现责任追究制度,要求对债务的

---

① 刘罡. 高校财务内部控制实务 [M]. 北京: 中国农业大学出版社, 2018.

"借入、管理、使用、偿还"等情况实施全方位的监管,并以此作为考核高校主要负责人的绩效和任期经济责任的重要内容,明确和落实债务的借人和偿还的责任,合理借贷管理,科学有效运用,保证高校平稳健康的发展。

3.完善债务资金日常管理,确保按期偿还

高校应该加强对债务资金的管理,提高债务资金的使用效益,制定债务资金使用计划并严格按照计划执行与检察。确保贷款债务依据合同约定按期偿还本息,以及高校经济活动所产生的经营债务及时结清。对于新建建筑的面积、用途、资金预算、资金来源等指标的程序进行严格的审核,强化对基础建设项目的监管力度,杜绝各种缺少资金来源和超出预算的项目。高校作为债务主体,应加强财务管理,明确各项债务资金开支使用的范围,及时对账、检查和清理,实施事前、事中、事后全过程严格监控,清楚每笔款项的收入与支出,确保专款专用。要加强对高校债务的预算执行、资金使用效益和财务管理等情况的监督检查,规范预算审核程序,禁止一切不合理开支,反对铺张浪费,杜绝挪用公款,强化资金使用的绩效评价,保障资金使用安全、规范、有效。

4.建立债务测算机制,控制债务规模

会计核算指标有多项种类,与高校债务业务控制相关的也是多方面的,最重要的是流动比率、债务负担率和资产负债率这三个方面。财务部门应随时测算三个比率的情况,及时调整资金的运用,保证控制在正常或稳健状态范围内。高校决策机构要随时了解和掌握高校债务情况,一旦债务负担率超过可控范围,应立即调整财务状况,认真思考和研究如何压缩建设规模,减少现有贷款,保证高校各项事业的健康发展。如果高校债务规模居高不下的话,有可能严重超出其偿还贷款的能力,给高校带来一定的风险隐患。

(四)债务风险控制的具体措施

1.建立健全债务控制机制,严格审批程序

严格执行专款专用的原则。高校作为举债主体必须进一步强化债务的监管力度,确保贷款资金专款专用。要加强对高校筹资的审批流程,对高校新增贷款或政府债券等的债务,在举债前必须进行大量的前期工作。为了使贷款的资金利用率尽可能高,高校必须对资金实行有效管理,合理使用资金。高校必须明确在偿还债务中的主体责任,既是高校的法人主体,又是借债人和贷款的受益者,在偿还债务中应承担相应责任,要坚持"谁贷款、谁受益、谁担责"的原则,强化高校承担解决债务的责任。

2.强化财务监督,全面反映债务风险

做好会计基础工作,如实反映高校债务状况。伴随着高等教育体制改革的不断深化,高校的会计环境发生了巨大变化,原有的收付实现制已经不能真实全面地反映高校的资产和运营状况,权责发生制更能准确地反映出高校所享有的经济权利和所承担的经济责任,严格往来款项内部控制。对于应缴款项、应付及暂存等其他债务往来资金,应依据会计制度的要求,按规定程序办理债务业务的申请手续并及时入账,要严格审定资金的来源、用途及核算范围。代管款项核算内容是高校接受委托代为管理的各类款项,该款项的所有权、使用权均不属于高校,而是属于其他单位或团体,性质上讲是高校的对外负债。

3.加强债务信息公开透明

教育部《关于做好高等高校财务信息公开工作的通知》(教财〔2012〕4号)中明确指出,做好财务信息公开工作,有助于提高高校工作的透明度、保障师生员工和社会公众的知情权和监督权,推动高校依法办学、依法理财,有助于提升高校预算管理和财务管理水平,充分发挥资金使用效益,有效保障高等教育事业的科学发展。

随着科学技术的进步,高校已经能够通过信息化手段,利用内部生成的数据和来自外部渠道的信息,为高校决策者监管债务、控制贷款风险提供服务。高校财务信息系统与校内各部门、银行、融资机构和政府相关部门都有着密切的联系,高校需要及时、准确、完整地收集与高校相关的内部和外部信息,建立起高效、开放、统一的财务信息沟通系统。

4.有效防范债务风险

近年来,中央和地方政府为加强债务管理,采取了贷款贴息、政府

债券和加大投资等一系列的管理措施。高校债务被纳入政府性债务管理后,债务规模受到严格控制,高校通过举债解决发展资金短缺的财务运行模式已然改变,进入了轻负债甚至无债运行的新时期,如何转变思路适应新形势,做好财务管理工作,控制新型债务风险已成为当务之急。①

第四节

经费控制

改革开放以来,我国提出了"科学技术是第一生产力"的论断,确立了"科教兴国"的基本路线,制定了《国家中长期科学和技术发展规划纲要(2006—2020 年)》,提出了"到 2020 年,全社会研究开发投入占国内生产总值的比重提高到 2.5% 以上"的经费投入目标。基于种种原因,随着科研经费总量的不断增加,社会对高校科研经费的管理和使用不当的批评之音越来越强。

一、高校科研经费的种类

高校科研经费是指高校承担的各级政府项目、承接的企事业单位技术开发、技术咨询和服务等科学研究和技术服务项目所取得的经费。

---

① 刘罡 . 高校财务内部控制实务 [M]. 北京:中国农业大学出版社,2018.

按照资金来源渠道,高校科研经费包括:

(一)纵向科研经费

高校的纵向科研经费包括计划科技经费(理、工、医科)和规划项目科研经费(文科)。计划科技经费是指各级政府及其部门批准立项并拨款的科研经费;规划项目科研经费是指规划部门立项项目和有财政拨款通知的政府项目经费。如:国家基金委下拨的自然基金,教育部科研基金,社会科学基金。

(二)横向科研经费

高校的横向科研经费包括委托科技经费(理、工、医科)和非规划项目科研经费(文科)。

(三)其他科研专项经费

高校的其他科研专项经费是指高校及所属单位获得创收收入、资助、社会捐赠等资金资助的科技经费和其他未纳入上述科研项目的各类经费。

二、高校科研经费在管理和使用方面的风险及防范

高等学校承载着人才培养、科学研究、文化传承和社会服务四大功能,高校的四大功能都包含研究任务,高校是全社会科研经费申报和使用的主阵地。

(一)高校科研经费管理和使用方面的风险

高校科研经费管理和使用方面的风险主要表现在科研经费管理制

度不健全、管理混乱、重复立项、条款缺陷、拨款缓慢、审核不严和成果泄露等几个方面。

（二）高校科研经费风险防控措施

1.高校层面的管理措施

高校应当建立健全"统一领导、分级管理、责任到人"的科研管理体制，明确高校、院（系）、项目负责人在科研项目管理方面的职责和权限。

2.科研部门的管理措施

高校应当按照科研合同管理要求加强科研项目的合同管理工作。科研项目任务书和科研合同应由科研管理部门归口审核与签订。高校应规范科研项目资料档案管理，确保科研项目资料档案的完整性、准确性和系统性，并在符合国家相关规定的前提下，建立科研档案资料的共享机制。

三、高校科研经费的财务管理

（一）高校科研项目资金都要归口财务统一管理

高校所有的科研项目资金都要作为高校收入纳入预算，由财务部门归口管理与核算。科研管理部门应及时将已批复或已签订的科研项目任务书（含合同）复印一份转交到财务部门，协同财务部门做好科研经费到账及项目明细核对工作。项目负责人必须确保已开具收入票据的各类科研项目资金，及时拨入高校指定的银行账户。

（二）高校应加强科研项目的执行和调整管理工作

科研项目立项后，高校应严格执行批复的项目预算。对于确需调整预算的科研项目,高校在规定权限范围内应按规定明确项目预算调整范围、金额和审批流程及审批权限。

(三)高校应按科研项目要求做好支出管理工作

高校应完善与强化科研项目资金支出管理工作。严格执行科研项目支出预算,明确各类科研支出的审批流程与权限。严格履行支出申请、审批、招标采购。资产验收等程序,按照经费开支范围和标准使用科研项目资金。

(四)高校应加强科研项目资金外拨业务的管理

高校应对科研合作单位资质进行审查,与通过资质审查的合作单位签订书面合作研究合同。科研项目外拨资金应当以合作(外协)项目合同为依据,严格按照合同约定的外拨经费额度、拨付方式、开户银行和账号等条款办理,并定期同合作单位的财务部门进行沟通,了解外拨经费的管理和使用情况。

(五)高校应加强科研项目结转结余资金的管理

科研项目未结题验收前,其资金收支余额应作为项目结转资金继续使用。项目验收结题后,高校应及时办理科研项目资金决算与结账手续,科研项目的结余资金应按规定及时处理。

四、高校科研项目经费管理控制的理性思考

(一)要做好观念转变工作

多年来,许多高校管理人员和科研工作者总是以为,不论是纵向科研经费还是横向科研经费,都是项目负责人凭着自己的实力争取得来的,是由高校财务部门"帮助代管的经费"。在整个科研工作过程中,人

们总是期待财务人员"帮助"做好"经费接收""报账付款"和"结题证明"等服务工作。社会大环境和高校小环境使得各部门在科研经费管理过程中都被"习惯"和"情感"颠倒了。习惯扭曲了原则,情感替代了理性。这些错误的认识影响到高校科研人员对科研经费的正确认识,也影响到财务部门的监督管理,必须加大宣传力度,在科研队伍中树立起正确的科研态度。

(二)要做好制度更新工作

2016年7月31日,中共中央办公厅、国务院办公厅印发了《关于进一步完善中央财政科研项目资金管理等政策的若干意见》(下称《意见》),要求科研主管部门和高校进一步推进简政放权。放管结合,优化服务。同以往管理要求相比,《意见》有两个方面的变化。一是要求将直接费用中的材料费、测试化验加工费、燃料动力费、出版、文献、信息传播、知识产权事务费及其他支出预算调剂权限下放给项目承担单位,允许项目单位在不超过直接费用10%的基础上统筹安排使用会议费、差旅费、国际合作与交流费,并且对于难以取得住宿费发票的差旅会议,允许据实报销城市间交通,并按规定标准发放伙食补助费和市内交通费;二是提高间接费用比重,加大绩效激励力度,允许绩效支出安排与科研人员在项目工作中的实际贡献挂钩;《意见》有利于促进大众创业,万众创新,有利于调动科研人员的积极性和创造性,增强科研人员改革的成就感和获得感。同以往管理要求相比,变化很大,高校应该及时做好管理制度的修改更新工作。

(三)要做好服务改进工作

首先,高校应该根据《意见》制定相应内部管理办法,完善内部风险防控机制,按照权责一致的要求,强化自我约束和自我规范,强化法人责任,确保接得住、管得好。其次,高校应该制定预算评估评审工作细则,优化评估程序和方法,规范评估行为,建立健全与项目申请者及时沟通反馈机制,制定财务验收工作细则,规范委托中介机构开展的财务检查,加强统筹协调,精简检查评审,推进检查结果共享,减少检查数量,改进检查方式,避免重复检查、多头检查、过度检查。再次,高校要创新服务方式,建立健全科研财务助理制度,为科研人员在项目预算编制和调剂、经费支出、财务决算和验收等方面提供专业化服务,充分利用信息化手段,建立健全单位内部科研、财务部门和项目负责人共享的信息平台,提高科研管理效率和便利化程度,保证科研人员能够潜心从事科学研究。最后,高校内部审计机构要积极配合国家审计机关依法开展对政策措施落实情况和财政资金的审计监督,督促指导所属单位完善内部管理,确保国家政策规定落到实处。

第五章

高校财务内部控制的组织与监督

　　监督是指对内部控制设计、运作及修正活动的评价。监督是一种随着时间的推移及内外部因素的变化而不断对组织的内部控制框架及执行质量进行评价的过程。之所以将监督作为内部控制中一个不可缺少的环节，是因为要通过监督，确保组织内部控制持续、有效地运行，并通过监督及时发现不足，更新、修正内部控制系统。

高校财务内部控制的组织与责任

一、内部控制的组织

在高校工作中,需要使用有效的管理工具来保障高校基本业务工作管理职责的效率性、经济性和效果性等,实施有效的内部控制就是众多管理工具中的一种。在高校管理过程中,内部控制是必不可少的一环,虽然内部控制的一些措施在制定时也会被高校的外部环境所影响,但它的实施及其职责的履行却完全依赖于高校的领导者及全体管理人员。高校领导和相关职能部门为了建立和保持适当的内部控制体系,来保证日常监督和实施定期评价,就非常有必要建立系统健全的内部控制的组织机构和实施必要的组织措施。

(一)控制组织的必要条件

为了最大程度保证管理与控制目标的实现,高校每一个管理部门不仅要实施有效管理措施和使用各种资源,而且要使每个项目和活动的运行具有效果性、效率性和经济性。这就需要每个高校不仅要有意识地进行控制,而且要设置合理的控制组织,以保证控制职能的适当履行和对功能与绩效的监督考核。控制组织理应完成两个方面的任务,其一是保证日常监督的实现,促使高校的每个部门及其主管人员都重视在其所辖范围内建立和保持适当的内部控制措施,促使每个应负控制责任的员工忠实地执行有关措施,促使整个高校和各个部门能从健全的内部控制中得到效益；其二是保证进行全面业务考核，了解各控制部门与一般部门之间的基本关系，教学与管理考核及职称的分配、教学与管理程序的执行与各项控制的效果，提出建议以帮助各级教学与管理人员履行其所负的内部控制功能的责任。

尽管各高校所处的环境、规模大小及业务复杂程度不同，其管理和控制有难有易，但其控制组织必须依循高校的计划与目标，避免本位主义，利于功能调节，重视权责关系，便于管理考核。[①]内部控制组织设计，除了应该考虑业务处理过程中能产生自动控制作用之外，还应该注意到永久性或专业性控制作用的发挥，其组织机构应符合以下必备条件：

1. 签证与批准

高校的控制组织机构、工作程序规定、考核的权责范围均应经最高管理当局的签证与准许，以保证其合法、有效。

2. 层次与标准

控制组织应按管辖范围和业务性质，依据一定的标准来建立，应具有一定的层次性，如高校内部审计部门，其主要任务是定期或不定期地进行全面考核，则应属于高层次控制。控制组织的编制大小，应依据作业人数、控制的业务量与重要性，以及其他影响因素而定，应遵循一定的标准，避免随意性，以便履行职责。

3. 注重作用发挥

内部控制的实效与高校的复杂性有关，除了加强内部牵制和内部审计以外，还应该注意组织结构的设计。控制组织应重视其控制作用的发挥，不仅要与业务组织进行有效的配合，而且还要有利于各项作业处理程序之间相互牵制和日常稽核功能的履行。

4. 便于联系与协调

包括内部审计在内的控制部门的领导人，应处于组织的中心地位，与其权力和责任相一致，以便于从事某些特定任务；所有内部审计和稽

---

① 刘文华. 地方高校财务内部控制与财务绩效管理研究 [M]. 长沙：中南大学出版社，2011.

核人员,需在高校中心集中控制调用,广泛地从事调查与考核;如果使会计与统计的职能十分有效,这些部门除了对作业程序和记录进行查证之外,尤其要重视人与事物的有效结合。除少数受特性影响的控制部门稍有差异之外,其他控制部门均应合理组织,密切合作,促成共同目标的实现。要建立一个好的控制组织,一般要注意下列因素:

第一,应注意确立内外正确关系。任何控制组织的设计,既要注意其内部作业的联系配合,又要注意其对外的控制监督,以便牵制与协调的有效合作。

第二,应注意管制与监督。任何控制组织的设计,既要注意其权责范围与控制体系的相容性和相克性,又要注意其对整体作业的影响,以便管制与监督。

第三,应注意选用合格的人才。要选择合格的人员担任适宜的工作,既不能大材小用,也不能劣材重用,要做到因事择人,人尽其才。

第四,应注意能力与效果的预测。对每个控制组织的胜任能力或作业控制效果要有正确的预测,以证实其存在的必要性与重要性。

(二)控制组织的方式与类型

1.控制组织的作用

(1)有利于基本工作的执行

由于客观因素的影响,任何高校的政策和计划都不可能得到百分之百的执行,错误、浪费及矛盾不可能得到完全的避免,组织难以全面适应,管理功能做不到完美无缺,因此,加强控制尤为重要。控制的基本目的是为了检查过去,策励未来;控制的一般程序为衡量结果,分析差异与提出改进意见;控制的一般方法是计划、组织、协调与统御有关教学科研规章及执行结果;控制的实际作业,有自动牵制、内部审计与自我控制等类型。

内部自动牵制的方法,是使行政监督寓于业务制度之中,使任何作业的处理过程权责分散,使每一个部门或每一个作业人员既有独立的处理职责又要相互牵制,使作业处理程序自动产生控制或监督作用。内部审计的方法,是在高校内设立以检查为职责的机构或职位,定期或不定期地按预定的标准,对高校内部各部门实行全面或抽样检查核对,寻找失误,反馈信息,进行管理咨询。自我控制的方法,是高校内部各部门之间进行经常性的核对与检查,并纠正不相符的任务与记录。三种内部控制的形式各有特殊效能,只要配合运用,把握重心就能产生预期的效果;而这些效果的产生,均依赖于健全的内部控制组织,没有内部控制组织,就不可能进行内部控制的基本作业。

（2）有助于发挥管理功能

任何高校要想存续与发展,必须运用有效的管理,以减少或完全克服无序现象,保持组织稳定与机能转换;无论是经济的、社会的或政治的,其目标的建立与实现,都赖于管理功能的有效发挥,政府部门是如此,地方高校也不例外。每个高校内有了健全的控制组织,就有助于发挥各种管理功能应有的作用。

（3）有助于执行与创新

长期以来,我国地方高校管理未能充分发挥效能,其原因很多,最根本的有这样两个方面:一是没有或未能实行严格的制度管理,有的虽有些办事制度,但时时受到人为的干扰,或缺乏贯彻到底的精神,无法产生制度效果,简单、不系统而不科学的制度也难以满足管理的需要;二是管理人员素质不高,或缺乏整体与创新观念,很多高校的管理集团没有合理的素质结构,不少主管人员学识贫乏,观念陈旧,甚至被关系网、人情债捆住了手脚,本位主义严重,全局观念淡薄,办事不公,因循守旧,故步自封。面对这种状况,任何高校欲求进取,就应该千方百计地通过一切方式与途径,把握一切机会,运用各种力量,克服困难,灵活应对;就应该健全计划、组织、领导、协调、控制等功能,既争取维持现状的安定,又力图进取创新。健全的控制组织,既有利于控制措施的切实贯彻,又有利于改变陈旧观念,摆脱积弊陋规。

2.控制组织的方式

控制组织所实施的控制方式一般有两种,一是集中控制,二是授权控制。

高校的管理控制,主管部门与各院(系)部门之间已有分区授权的趋势。各项辅助性业务处理需随地域而转移,职能主管部门为了防止所属分支部门各行其是,自然要加强中央集中控制。中央集中控制的方式很多,在会计控制方面,一般就是凭报表或数据来实施全面控制,即将所属所有各分支部门的分户账及会计记录均保管在中央,各项原始凭证如产品批单、原料领用单、入库单、考勤表或发票等,仍分别留存在原高校,以备查核。在实行中央集中控制时,应充分了解主管部门与各分支部门管理权限和职责的划分;应注意各主要部门或业务高校所主管业务范围的大小;应注意各主要部门或业务高校离主管部门的远近及分散程度；应注意集中控制的时效，会不会因控制而妨害正常业务的处理，尤其是重要业务的处理；还应注意集中控制是否有利于促进高校整个经济状况朝好的方面发展。充分考虑以上因素，可根据高校所处的实际环境而决定控制组织编制的大小或作业系统，决定是否适宜采用中央集中控制，或改为分区授权控制，或设计有效方法，以避免不利因素，保证控制目标的实现。

集中控制有利于机动调配，能有效地运用高校人力、物力、财力或其他资源，达到整合的效果。但由于组织编制可能过于庞大，必须解决好统御与协调的关系。领导负有统御之责，其作用应包括管理上的联系对各级管理人员进行动机分析，对作业人员给以指导与激励，并对其作业进行规划与监督等。高校领导虽被授权指挥，但无法事事躬亲，管理成功与否，还有赖于下属才能的发挥与实际行为的效果。实行集中控制，必须实行有效领导，使团体中每一分子都能了解个人与团体之间的利害关系，都应该明确为实现总体目标而奋斗，把各种因素纳入统御之中。领导还负有协调之责，应与高校内部有关人员保持经常联系，了解其行为动机，沟通思想，以求顺利地完成管理任务。良好的协调，有利于相互了解与通力合作，便于政策或意见的传达与接受，有利于促成管理作业的实现。导致不能协调的主要原因，一是由于个别目标、政策、程序与方法不相一致或有利害冲突；二是由于计划错误，权力关系混淆不清，以及不善于领导或统御不得法等。实行集中控制，需要克服不利于协调的各种因素。

由于高校业务范围的扩大或所属部门的分散，职能主管部门实行中央集中控制不仅有诸多不便，更重要的是影响控制的成效，因此，有必要实行地方或分区授权控制。逐级授权，分层负责为现代管理的发展趋势，建立责任集中的内部控制制度，可使高校的控制不至于受业务或地域改变的影响；在所属部门的各种管理资料无法集中管理的情况下，主管部门又鞭长莫及，实行授权控制，可避免报告迟误或差错的发生，有利于及时进行直接控制；实行授权控制，还有利于掌握时机，能够及时、准确地提供各种管理资料，并可避免不必要的重复，节约控制费用；实行授权控制，可以掌握适当的管理幅度，使用合适的程序，并使各种资料数据得以及时的使用，以便在管理过程中形成自动牵制；实行授权控制，有利于主管部门根据同一标准，对所属部门的资料处理与工作成绩切实地进行考核；实行授权控制，主管部门应提出控制的方法和要求，做出统一的规定，设计统一的表格，规定统一的标准。这样，就不会因分权而各行其是,也不会要求实行弹性控制。

集中控制与分别授权控制比较,集中控制优点较多,而授权控制却有很多不足之处。集中控制由于编制较大,能进行专业分工,职务负担合理,有较大的弹性,而授权控制往往会受到业务性质与范围的限制,组织设计无法恰到好处,各个教辅人员的工作也很难做到适才适量,影响其业务绩效;集中控制由于资料能够集中,可以采用机器设备处理资料,既经济又防弊,而授权控制由于资料分散,手工处理也不经济;集中控制编制大,可容许高级控制人员进行较高水平的分析与控制,有利于困难问题的解决,同时也有利于资料的搜集、整理、分析、评核等工作实现程序化和规范化,而授权控制则因受人员制约,无法实现程序控制和解决各种各样的控制难题。

3.控制组织的类型

一个高校究竟哪些工作属于控制性质,哪些工作属于一般的业务处理性质,很难分清;哪些部门是控制组织,哪些部门是行政组织或管理组织,也很难分清。一般来说,高校内部所有的管理部门都负有控制之责,只不过有的只对本身的业务实施单方面控制,有的则对高校多方面的业务或所有业务实施综合控制;也就是说,高校内有些部门,工作只涉及本部门管辖范围,而有的部门的工作则涉及对部分或整个经营活动的计划、反映与监督,如财务会计部门、计划统计部门、内部审计部门及文书档案部门等。后者是典型的控制组织。典型控制组织如同一般组织,是高校的整体组织对所属业务进行有效管理的一个组成部分;典型控制组织为了便于其控制作业,应与重要的行政部门或管理部门(教学科研、后勤服务等部门)平行;最高控制组织与下属控制组织、综合专职的控制组织与其他控制组织,在职位上要进行分离,权责上要进行划分;控制组织权责代表的范围与作业程序,应有翔实的文字记录;综合专职的控制组织(内部审计部门)应有合理的编制与作业制度。

(三)控制组织的职权与措施

1.控制组织的职权分配

目前来看,控制组织职权范围的大小,并不是按照单一的规则来执行的,而是应随高校性质及分散程度而异。如采取授权控制,主管部门的控制者就应该将部分控制作业授权给地方或分区的控制部门处理,为求经济有效,不必进行事事节制;如采取集中控制,也不仅仅对会计、统计部门进行管制,对不属于控制部门高校的重要作业,也应在其作业程序中或处理监督方面设计一定的规则,予以控制。控制者对有关控制的各项记录或数据,应当有控制的能力与职责。凡采取集中控制,控制者应根据规定加强控制作业,对最高管理决策阶层负责;凡被授权控制高校也应以此为准则设定作业规程,执行自己的控制职务。

由于会计、统计部门有自动核对牵制,失误可能少,但也不能疏忽大意,应将其记录与相关业务部门的记录进行核对,以督促各相关部门自动检查。

2.控制组织的措施

各高校有必要采取适当的组织措施来使高校内部控制的有效性得到执行。各高校的领导应该支持自觉、严格实施内部控制程序的有关高校和人员;各高校应建立由高级管理人员组成的内部控制领导小组,以确定内部控制的目的、方针、领导方式与监督评价程序;还应该通过领导小组确定经营过程中控制的中心任务;确定内部控制的适当范围(不仅包括会计控制,而且还应包括项目控制及管理控制);规定内部控制制度化是所有管理人员的职责;维护内部控制评价、改进和报告程序的规定;对内部控制评价工作实行质量控制;充分发挥内部审计的作用;培训中、高级管理人员及所有工作人员,使他们充分了解与认识内部控制制度并自觉遵循。

二、内部控制的责任

(一)管理阶层的责任

管理阶层对高校的所有活动都直接负责,其中也包括对内部控制制度直接负责。高校中不同阶层的负责人所担负的内部控制的责任当然不同,而在不同高校中同一部门的负责人所担负的责任也有显著的差异。

对于高校内任何组织的管理,高校的主要负责人都要承担"最后的责任"。其对内部控制制度的责任有最终的所有权。这种责任的关键所在,是确保高校有积极的控制环境。"高层的调调"影响控制环境的因素及内部控制的其他组成要素。塑造"高层的调调",主要责任应落在主要负责人身上,第一把手的影响比任何其他的个人或职能都要大。当高校最高决策层十分有效时,他们也会仔细检视最高管理阶层的操守和价值观,决定内部控制制度是否有必要的道德来支持。

高校主要负责人履行其职责的主要方式,有以下两种:

1.提供领导

高校主要负责人,连同一些资源的负责人,决定价值观及原则,制定重大政策,以形成高校内部控制的基础。例如,高校主要负责人和关键部门的负责人,共同制定高校的整体目标,制定广泛的政策,决定高校的组织结构、重要政策的内容及其沟通方式,以及高校将使用哪种规划及制度等。

2.复核责任

高校主要负责人应每隔一段时间就与重要职能(如教学、管理、资产采购、财务、人力资源等)的负责人沟通,复核他们责任的履行情况,包括在实际操作过程中他们如何控制主要的业务,从中了解目前高校营运过程中所隐含的控制、需改善的部分以及当前进行的状况。高校主要负责人对下属履行责任情况复核时,应及时地掌握必要的资讯。

组织内部门负责人,对内部控制的责任,与其部门目标有关。部门负责人应负责制定和执行有利于部门目标实现的有关政策及程序,并确保部门目标与高校整体目标的一致性。例如,部门负责人应负责部门的组织结构、教职员工聘用、学生训练等方面实务,以及可用来作为控制该部门任务的资讯系统等。事实上,每位部门负责人就是他自己责任范围之内的主要负责人。

院(系)负责人或更低层负责人或辅导员,视高校管理阶层的层级而定,均在本层级的范围内直接执行控制政策及程序。当例外和其他问题发生时,他们有责任采取行动。这些行动或许是调查资料输入的错误,调查出现于例外报告的交易、检视部门费用预算发生差异的理由等。凡重大事项,不论是与某一件特定事件有关,还是显示较严重的顾虑,都必须向学校呈报。

每一位部门负责人除了负有自己的个别责任外,对他人所负的责任还应负相关的责任。每位部门负责人就其所负责的内部控制部分,对高一级的负责人负责,最终由高校主要负责人对决策层负责。

虽然不同阶层的负责人各自担负着不可分割的内部控制责任及职能,但在高校整体内部控制中,他们的行动必须相互结合,才有利于控制目标的实现。应该强调的是,高校财务(会计)主管及其有关人员,在内部控制中处于至关重要的地位。他们的工作贯穿高校的教学管理全过程及高校的上下左右。财务(会计)主管经常参与高校整体预算及计划的制定;他们记录营运绩效,并从营运、遵循法令及财务的观点分析这些绩效。财务(会计)主管所从事的活动,既是高校最高管理层所进行活动的一部分,又是整个高校活动的核心部分;财务(会计)主管又在监督各子高校。各部门及其他高校作业时担负"虚线"的幕僚责任,在管理阶层执行控制时居中枢地位。主要会计主管在预防及侦察不实财务报告上,担负着主要的角色。主要会计主管身为高层管理中的一分子,理应帮助高校塑造行为应有的道德气氛,对财务报表负责对设计、执行监督高校财务报告制度担负主要责任;对于不实财务报告所造成的异常现象具有辨识和修正责任。从内部控制的组成要素来看,主要财务(会计)主管及其有关人员负主要责任,在制定目标、选择策略、分析风险、制订决策时,均起着关键的作用。他们既提供有价值的看法,又进行指导,并进行监督及追踪考察。如果管理阶层让财务(会计)主管只负责处理与财务报告及财务保管有关的事,则可能严重地限制了财务(会计)主管作用的发挥,也严重地限制了高校成功的能力。[①]

(二)董事会的责任

高校管理阶层应对董事会或信托人负责。高校董事会或信托人提供统治、引导及监督的功能。如果董事会未设所属委员会,则各子委员

---

① 刘文华. 地方高校财务内部控制与财务绩效管理研究 [M]. 长沙: 中南大学出版社, 2011.

会的相关功能均由董事会自己承担。

1.监督委员会责任

近些年来,不少政府主管机关及专业团体已十分注意监督委员会的建立,但仍属于自愿而非强制,也未对其责任及作业作出明确的规范。不同地方高校的监督委员会,有不同的责任,涉入的程度也不相同,但仍有一些共同的特征和功能。

监督委员会处于一个特殊的地位:第一,其可以质疑最高管理阶层怎样履行其财务报告的责任;第二,其对于最高管理阶层的行动是否正确具有权威的认证评定。当一些严重的事项或状况发生时,监督委员会或董事会就必须有针对性地采取直接行动,督促各有关部门对事项和状况做出合理的解决,直到其监督责任已经履行为止。

2.薪给委员会的责任

薪给委员会检视的重点,是在薪给的约定是否能帮助地方高校目标的实现,以及薪给的约定是否过分强调短期的绩效而伤及长期的绩效等方面。

3.财务委员会的责任

财经委员会负责确定学校内部控制体系,制定相关制度,并监督它的有效运转。学校内部审计机构作为监督、鉴证、审核高校经济活动的专门机构,独立地对学校内部控制进行客观评价,并将评价结果提交给校级管理层。财经委员会与内部审计机构对学校内部控制体系进行设计、监督、评价。外部审计可以有计划、有目的地对高校资金等方面进行审计,对内部控制进行审计、评价。学校内部审计机构也可以委托中介机构对学校相关经济、管理活动进行审计。外部审计结果提交给学校校级管理层。

4.提名委员会的责任

提名委员会控制董事人选的选择,也控制最高管理阶层人选的选择。

5.员工福利委员会的责任

福利委员会监督其员工福利办法是否与地方高校的目标相一致,以及受托的责任是否已适当解除。

董事会可能设立其下属子委员会来监督某个特定的范围,如道德层面、公共政策层面及科技层面等。一般来说,只有某些大公司才会成立这些委员会,其他地方高校有时则会因该地方高校的特殊情况而成立这些委员会。

(三)高校教职员工的责任

在某种程度上,高校中每一位员工对内部控制均负有程度不同的责任。所以,在每位员工的工作说明中,都应有一个部分明述或暗示其应负的内部控制责任。

首先,每位员工在促成内部控制产生效果方面,或提供某些资讯,或采取某些行动。如提供教学科研记录、图书资料、仪器设备使用及费用报告等方面资讯在内部控制中使用;采取调节、追查报告上的事项,检查实体资产、调查成本差异或其他偏离绩效指标的原因等促使控制产生效果的行动。

其次,当营运出问题、未遵守行为守则、违反高校的政策或非法行为出现时,所有教职员工皆有让较高组织阶层负责人知晓的责任。内部控制依赖检查及相互间的平衡,以及员工的不设法"另谋对策"。不另谋对策,要使员工明白上级要求他不能参与不当行为的压力,他们应该千方百计地、采用各种方法、通过各种途径让上级及时了解不正当事项的真相。

内部控制是每一位员工的事,每一位员工的角色及责任都应妥善规定,并有效沟通。

(四)外部团体的责任

对高校目标的实现,有些外部团体也可作出贡献。有时通过它们所采取的行为,有时则通过它们所提供的资讯。外部审计人员通过查核财务报表,或在履行其责任时对管理阶层及董事会提出有用、独立及客观的资讯,而直接或间接作出贡献。如立法者、主管机关、顾客、与高校有交易的人士、新闻媒体等也会提供可影响高校内部控制有效性的资讯。不过,外界团体及有关人士既不需对高校内部控制负责,也不是内部控制的一部分。

1.外部审计人员

外部审计人员在促成高校实现其财务报告目标及其他目标方面,扮演着重要角色,这是其他外部团体无法做到的。

注册会计师通过对财务报表查核,对财务报表是否按一般公认会计准则编制,是否恰当表达表示意见,以促成高校财务报告目标的实现。注册会计师的意见有利于提高内部控制所提供的担保水平,注册会计师还会提供有关资讯以利于管理阶层履行控制的责任。

有人认为,注册会计师对财务报表表示一种肯定的意见时,就认为高校的内部控制是有效的;有人则认为,注册会计师至少需对内部控制进行足够透彻的复核,以辨认全部或大部分的严重缺失。其实,这两种观点都不正确。

当高校内部控制制度缺乏有效性时,财务报表审计可帮助审计人员看出该方面的缺失;但并不影响审计人员对财务报表表示肯定的意见。这是因为审计人员直接注意财务报表的缘故,如果财务报表必须改正,而且已加改正的话,注册会计师即可出具肯定性的意见。注册会计师只对财务报表提出意见,而不必要对内部控制提出意见。当控制不当时,注册会计师在形成意见之前,可能要对财务报表上的余额进行更加详细的查核,这样会因提高查核成本而对审计有所影响。

审计人员为了执行审计计划,必须充分了解高校的内部控制制度状况,但也不能说明审计人员就能辨认所有可能存在的严重缺失。在大多数情况下,审计人员在进行财务报表审计时,会把一些履行内部控制责任有关的资讯提供给管理阶层。如审计人员把查核发现、分析性资讯及建议事项告诉管理阶层,管理阶层可能借以采取行动以达成其既定目标;审计人员把注意到的内部控制缺失与改进的建议告诉管理阶层,以利于管理阶层采取措施。审计人员所提供的资讯,不仅仅是与财务报告相关,而且也与营运及法令遵循相关。立法机关与主管机关或通过其要求高校制定内部控制的规定;或通过其对高校的检查,而影响或促进高校内部控制制度的建立与执行。当然,也有可能通过有关法令,强调对内部控制的建设、执行与评价。

2.财务分析师、债券评级机构及新闻媒体

财务分析师、债券评级机构考虑地方高校是否值得投资的诸多因素。它们分析管理阶层的目标及策略、历史财务报表、预测财务资讯、为回应经济及市场情况而采取的行动、在短期及长期中成功的潜在性、产业的绩效及与同业的比较。各种新闻媒体,有时也进行类似的分析。这些团体所采取的调查及监督活动,可把别人如何看待高校的绩效、高校所面对产业及经济风险、可能改进绩效的营运更新及理财策略,以及产业的趋势,告诉管理阶层。其提供方式有直接沟通,也有通过为投资者、潜在投资者及社会大众所做的分析而间接提供。不管提供的方式如何,管理阶层应充分考虑这些可能强化内部控制的观察与看法。

第二节

高校财务内部控制评价

一、高校财务内部控制评价的概念

高校财务内部控制评价是指由高校自行组织的,对单位财务活动内部控制的有效性进行评价,形成评价结论,出具评价报告的过程。

二、高校财务内部控制评价的原则

内部控制评价主要有两种评价方式,一是定期评价,二是专项评价。定期评价指的是学校在上级主管部门对于内部控制评价做出的要求基础上,结合学校内部控制目标,定期对建立与执行内部控制的有效性进行的评价;专项评价是指学校在特定时点对特定范围的内部控制的有效性进行的评价。进行内部控制评价时应当遵循以下原则:

第一,全面性原则。高校财务内部控制评价的范围涉及全面,对学校管理的全过程及所有的部门、业务和岗位都要有所覆盖。

第二,一致性原则。为了保证评价结果的客观、可比,在评价时要保证评价的准则、范围、程序和方法一致。

第三,风险导向原则。评价应依据风险和内部控制的具体情况,有侧重点地关注重点区域、重点业务和重要流程。

第四,及时性原则。评价应按照规定的时间间隔持续进行,当管理环境发生重大变化时,应及时进行重新评价。

三、高校内部控制评价的方法

高校在开展财务活动内部控制评价工作过程中,应当根据评价内容和被评价部门具体情况,综合运用个别访谈、问卷调查、专题讨论、实地查验、抽样统计等方法,广泛收集被评价单位内部控制设计和运行是否有效的证据。评价方法的选择应当有利于保证证据的充分性和适当性。证据的充分性是指获取的证据能够为形成内部控制评价结论提供合理保证;证据的适当性是指获取的证据与相关控制的设计与运行有关,并能可靠地反映控制的实际状况。

(一)个别访谈法

个别访谈法主要用于了解被评价部门内部控制的基本情况。评价人员在访谈前应根据内部控制评价目标和要求形成访谈提纲,如有必要可先要求被访谈人员进行准备。评价人员在访谈工作结束后应该撰写访谈纪要,准确真实地记录访谈的内容。

(二)问卷调查法

调查问卷法常常用于内部环境的评价。问卷调查一般包括三方面内容,即填列项目、控制描述和支持性文档。其中,"填列项目"基于高校财务活动实际情况,明确被评价部门需要填列的内部控制评价内容;"控制描述"是指被评价部门针对评价内容,如实填写相关控制的设计与运行情况;"支持性文档"是指要求被评价部门列示相关控制所涉及的支持性文档,如相关规章制度、有关会议纪要、审阅记录等文档。

(三)专题讨论法

专题讨论法通常用于经济活动的控制评价,是指召集与经济业务流程相关的管理人员对业务流程的特定环节或某类具体问题进行讨论及评估的一种方法。专题讨论法既是一种常见的控制评价方法,也是对缺陷方案进行整改的重要途径。对于同时涉及不同部门的控制缺陷,往往需要召开专题讨论会议,综合内部各机构、各方面的意见,研究确定缺陷的整改方案。

(四)实地查验法

实地查验法是指学校对财产的盘点和清查,以及对存货等实物资产的出入库进行现场检查,主要用于评估资产的安全性和完整性。实地检查方法通常应与抽样方法相结合。高校对资产进行现场检查,需要制定统一的测试工作表,从特定样本库中选取若干个测试样本,并与业务记录、财务凭证等进行核实,以确资产的安全性和完整性。从而保证项目控制的有效性。

(五)抽样统计法

抽样统计法是指高校根据业务发生的频率和特定业务流程的固有

风险水平,从一定样本库中抽取一定比例的业务样本,判断业务样本的控制水平,然后评价整个业务流程内部控制的有效性。抽样统计法在控制评价中比较常用,通常可分为随机抽样和其他抽样。随机抽样是指从样本库中随机抽取一定数量的样本;其他抽样是指按照特定的标准,从样本库中人工选取一定数量的样本。在应用抽样统计法时,应注意样品库必须包含所有符合检测要求的样品,检测人员必须保证样品库中样品的完整性。

四、高校财务活动内部控制评价的主要内容

内部控制有效性是指高校建立与实施内部控制对实现控制目标提供合理保证的程度,包括内部控制设计的有效性和内部控制运行的有效性。

(一)评价设计的有效性

指为实现控制目标所必需的内部控制要素都存在并且设计恰当。判断设计是否有效的标准,应看所设计的内部控制能否为控制目标的实现提供合理保证(表5-1)。

表5-1　判断内部控制设计有效性 [①]

控制目标	判断内控制设计是否有效的标准
经济活动合法合规	能否合理保证国家法律法规和单位的规章制度有效贯彻和落实
资产安全和使用有效	能否合理保证资产的安全、完整,防止国有资产流失,提高资产使用效益
财务信息真实完整	能否合理保证会计行为规范有序,会计信息真实完整,防止或及时发现财务报告的重大错漏

---

① 刘罡 . 高校财务内部控制实务 [M]. 北京 : 中国农业大学出版社,2018.

控制目标	判断内控制设计是否有效的标准
防范舞弊和预防腐败	能否合理保证各类舞弊和腐败现象受到约束,从而降低发生的可能性,一旦发生能够很快给予披露
提高服务效率与效果	能否合理保证单位经济活动及服务效率与效果的提高,防止不作为行为发生

由于财政部尚未制定"行政事业单位内部控制评价指引",借鉴企业内部控制评价指引,以高校财务活动内部控制业务层面 – 预算管理评价为例,内部评价底稿参考格式见表 5–2。

表 5–2　高校财务活动内部控制业务层面 – 预算管理评价底稿 [①]

被评价部门：　　　　　　　　　评价时间：　　　年 月 日至　　　年 月 日
评价工作组负责人：　　　　　　被评价部门负责人：

评价项目	主要风险点	采取的措施	测试记录（有关证据资料）	评价意见（是否符合控制要求,如有无替代控制措施）		基础分值	评价得分	
				设计有效性	执行有效性		设计得分	评价得分
预算编制	·							
预算分析								
预算执行								

---

① 刘罡 . 高校财务内部控制实务 [M]. 北京：中国农业大学出版社,2018.

评价项目	主要风险点	采取的措施	测试记录（有关证据资料）	评价意见（是否符合控制要求，如有无替代控制措施）		基础分值	评价得分	
				设计有效性	执行有效性		设计得分	评价得分
预算调整								
预算考评								
总分								
综合得分								
综合评价								

综合得分 = 设计有效分值 × 0.5 + 执行有效分值 × 0.5

综合评价：一般缺陷（80 分以上），重要缺陷（60 ～ 80 分）分及重大缺陷（60 分以下）三类。

综合得分和综合评价的分值可根据本单位实际确定。

（二）评价执行的有效性

内部控制执行的有效性是指在内部控制设计有效的前提下，内部控制能否按照设计的内部控制程序正确地执行，从而为控制目标的实现提供合理保证。评价内部控制执行的有效性，应当着重考虑以下四个方面：第一，各项财务活动内部控制在评价期内是如何运行的；第二，各项财务活动内部控制是否得到了持续、一致的执行；第三，相关内部控制机制、内部管理制度、岗位责任制、内部控制措施是否得到有效执行；第四，执行财务活动内部控制的相关工作人员是否具备必要的权限、资格和能力。

第三节

高校财务内部控制监督

高校财务活动内部控制作为单位各层级员工共同参与实施的完整系统,是一个动态的过程,一直处在不断调整、逐步完善、持续优化中。所以,不管是内部制度的建立与实施,还是内部控制系统的评价与报告,都离不开检查监督。所以,高校应加强内部控制监督,对内部控制整体运行情况进行跟踪、监测,发现不足,进行调节,达到完善内部控制制度,弥补内部控制缺陷的目的。

一、高校财务活动内部控制监督概述

(一)内部控制监督的概念与分类

高校财务活动内部控制监督是指对教育、财政、审计、纪检监察及高校内部审计与监察部门,对高校财务活动内部控制的建立和实施情况进行的监督。按照实施监督的主体不同可以分为内部监督与外部监督。内部监督和外部监督关注的重点有所不同。

内部监督是指由高校内部进行的内部控制监督活动,包括管理层监督、内部审计监督和纪检监察监督等。与管理部门的监督相比,内部审计部门在整个高校内部控制监督活动中发挥着至关重要的作用。

外部监督是指由外部监管单位进行的针对内部控制的监督活动,包括政府审计机关监督、财政机关监督、主管部门监督等。外部监督通常是根据不同机构的不同职责定期进行的。

（二）内部监督与内部控制评价的关系

《教育部直属高校经济活动内部控制指南（试行）》明确：内控评价，是指高校自行对自身内部控制建立和执行的有效性进行评价，形成评价结论，并出具评价报告的过程。内部监督，是指高校内部审计与监察等部门，对高校内部控制建立和实施情况进行的监督。

1.内部监督与内部控制评价的联系

内部监督与内部控制评价的联系主要体现在两者的工作目标均是审查和评价组织内部控制的设计和运行的效率，与此同时，两者都是围绕着内部控制的建立与实施来确定具体审查和评价的内容。且两者的工作程序也基本一致。

2.内部监督与内部控制评价的区别

（1）责任主体不同

内部监督是由单位的内部审计监察机构实施的一项对内部控制的监督检查工作，其责任主体为内部审计、监察机构。内部控制评价则是高校内部实施的一项管理评价活动，其责任主体是高校管理层，是高校对内部控制的自我评价，而不是单位内部的审计、监察机构，即高校负责人对内部控制评价报告的真实性承担个别及连带责任。

（2）实施的期限不同

高校内部控制评价一般一年一次，以每年 12 月 31 日作为年度内部控制评价报告的基准日，并于 6 个月内形成内部控制评价报告。而内部监督则由学校根据内控监督目标具体确定实施的期限。负责内部监督的部门或岗位应定期或不定期检查学校内部控制体系的完善与内部控制规范的执行情况，以及内部控制关键岗位及人员的设置情况等，及时发现内部控制中存在的问题并提出改进建议。①

---

① 刘罡.高校财务内部控制实务 [M].北京：中国农业大学出版社,2018.

二、高校财务活动的内部监督

（一）内部监督的要求

根据内控规范的规定，单位在健全内部控制时：第一，必须明确内部监督机构是谁，一般来说，这一机构由是单位的内审部门来担任，也可以由委托纪检监察等有关部门或外部机构承担审计监督任务；第二，要明确内审机构的职责权限；第三，要规范相应的程序、内审方法以及要求等，防止内审监督形式化；第四，根据《行政事业单位内部控制规范（试行）》的精神，内审机构的权力应该与内部控制制定和执行层独立开来，它应直属于内部控制规划决策层。

（二）内部监督分类

按照实施频率，内部监督可以分为日常监督和专项监督。

1.日常监督

日常监督，是指对高校对内部控制建立与实施情况进行常规、持续的监督检查。

从高校内部控制日常监督内容来看，主要应从以下几个方面着手：第一，高校的管理层，在履行其日常管理职责时，取得内部控制制度持续发挥功能的证据；第二，利用来自政府监管部门以及合作单位的外部信息，来验证内部产生信息的正确性，或比较找出问题所在；第三，利用健全的组织机构和职责分工来监督控制的有效性，并辨识其缺陷；第四，定期将会计记录的账簿数据与实物资产进行核对，做到账账、账实、账表相符，如有差异，及时调整资产管理内控措施；第五，利用内审、外审和其他检查人员提出的建议，强化内部控制；第六，对会议和研讨中发现的内控缺失，反馈并采取措施；第七，定期要求员工汇报对行为守则的了解和遵守情况，对于业务和财务人员，要汇报特定控制的执行情况。

2.专项监督

高校开展专项监督要确定评估的范围和频率。评估范围和频率的确定因素包括以下三个方面：

（1）范围与目标,有关监督的范围要和专项监督的目标相关,如果监督目标业务范围比较大,则选择的监督范围大一点,如果监督目标业务范围较小,则选择的业务范围可适当小一些。

（2）被控对象风险的大小及控制的重要性有关。被控对象的风险越大,则安排监督的频率要高一些,如果被控对象业务比较重要,则安排监督的频率要较其他业务高一些,选择监督的范围要大一点。

（3）风险大的控制应经常评估,不可或缺的要经常评估,对整体的评估要少于对特定控制的评估次数,重大策略改变、管理阶层变动、重大的管理方法改变、财务信息处理方式的改变等需要对整体内控制度进行评估。

（三）内部监督的方法

内控监督的方法多种多样,有一系列监督方法和工具可供使用,与内部控制评价方法大致相同。高校可以根据监督目标选择合适的监督方法,或者将几种方法结合运用,达到内部控制监督的目的。

内部监督的难点是评价,评价的难点是确定有效的评价标准。确定了检查和评价的标准后,就要把内部控制工作的实际结果与效果标准和作业标准加以比较,如果低于标准,就要加以纠正,或者调整标准。

三、高校财务活动的外部监督

高校内部控制建立健全除了来自高校内部的监督评价以外,更需要外部监管单位来推动,主要有来自财政、审计、教育和纪检监察等单位的监管,外部监督对高校内部控制发展和完善起到了促进作用,促使高校的内部控制管理水平不断上升,最终实现内部控制目标。

（一）外部监督的必要性

1.内部控制本身存在着局限性

内部控制虽然从高校主要工作领域进行风险识别和防范,但是由于防范中对于成本效益的考虑,对风险发生可能性的主观判断失误等均可能导致缺陷的发生,另一方面,高校内部控制制度是由高校内部制定的,政策制定者是政策受益者,制定者一般不愿意制定出限制自身权利的制度,或制度制定不具体,缺乏操作性而流于形式,因此需要外部监管机构进行监督。

2.内部监督本身存在着不足

高校内部监督的实施主体大多是单位内部审计部门或纪检监察部门,这些部门和内控建设部门从组织结构上同属单位领导班子领导,独立性较差,所以很难置身事外,因而内部监督作用发挥受到很大的影响,同时内部审计部门和纪检监察部门自身的内部制度实施情况又无法进行监督,所以,这样的内控监督是不全面的。再加上,高校从2012年启动内部控制建设以来,还处于内部控制建设初级阶段,对内部控制监督检查的经验尚不足,或监督人员没有经过专门的培训和训练,可能导致内部控制监督评价缺失或达不到应有目标。

因此,在内部监督不足的情况下,通过外部监督进行评价是非常有必要的。从某种程度上说,没有外部监督的内部控制很难防止、发现和纠正管理层的差错与舞弊行为。

（二）外部监督

1.财政部门的监督

政府财政部门是高校内部控制规范的主要制定者,是高校内部控制的直接外部监督单位,财政部门实施监督检查可采用专项检查和日常管理工作结合的方式,财政部驻各地监察专员办事处对高校实施日常综合监管,配合财政部各项专项业务监督检查,内部控制报告信息质量检查,保证财政部颁发的各项政策法规尤其是内部控制制度的贯彻实施,保证高校财政资金使用的安全高效。

2.纪检监察部门的监督

高校内控建设的目标之一是有效防范舞弊和预防腐败,预防腐败是通过内部和外部的检查监督结合起来共同实现的,纪检监察部门的主要工作职责就是,负责管辖范围内单位党风廉政建设和行使行政监察权利,纪检监察部门在对高校开展纪检监察过程中,应对其内部控制建立和实施情况进行监督检查,并将单位内部控制的建立和实施情况作为对学校领导干部考核的内容之一,以便进一步提升行政事业单位开展内部控制建设的积极性和主动性,同时通过加强内部控制扎实推进惩治和预防腐败体系建设。

3.教育主管部门的监督

根据《教育部直属高校经济活动内部控制指南(试行)》第四章内部控制监督第十八条规定:高校应依法接受教育、财政、审计、纪检监察等部门对学校内部控制建立和实施情况进行的监督检查。高校的主管部门应在全面管理高等学校各项工作的基础上,根据国家相关法规制定适合本单位、本系统的内部控制规定,并要求所属单位贯彻执行,对高校内部控制建立健全和执行情况进行监督检查,保证通过规范管理、有效控制、追责问效、防范风险,保证高校的可持续发展。

4.审计机关的监督

《中华人民共和国审计法》规定,政府审计的内容主要包括政府预算的执行情况和决算以及其他财政收支情况,因此,审计机关在对高校预决算情况以及其他财政收支进行审计的同时,也应当对其内部控制进行监督与评价,并将审计报告与内部控制审核报告一同提交相关部门,达到全面了解审计事项管理状况,从而使得评价结论更加全面、完整。

四、高校财务监督的整体措施

高校运行中,会接受来自校外和校内的监督。前面已经详细论述过,其具体的监督关系见图 5-1。

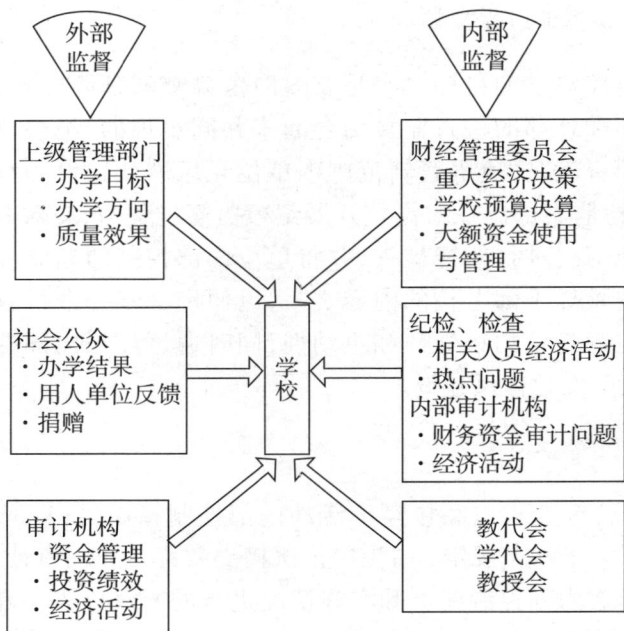

图 5-1 监督关系图[①]

(一)建立高校内部监督体系

建立高校内部监督体系就是将高校内部现有的监督机构进行协调、整合,使之成为各尽其责、统一有序的监督体系。

尽管学校校级党政领导都有明确的职责分工,责任重大、工作繁忙。但是,学校校级管理层是学校内部控制有效性的最终责任者。高等教育体制的改革,使高校的办学自主权增大,国家对教育经费的投入也在不断增多,为此,学校校级管理层可以通过设立专门的机构来全面负责学校的内部监督工作,这也是内部监督体系能够发挥作用的基本保证。目前,许多公司已经针对内部控制,成立了专门的内部控制委员会。对于高校而言,设立财经委员会对全校的资金、资产进行全面管理,同时对学校内部控制进行设计、监督、评价,是十分可行的,

---

① 陈竹.高校内部控制分析与设计 [M].北京:兵器工业出版社,2005.

也是十分必要的。

学校内部的工会、职代会、学代会、教授会、纪检、监察等机构在履行监督职责时,对内部控制也负有一定的监督职责。教代会、工会、学代会是发挥校内师生民主监督作用的机构,在行使监督权时也对学校内部控制体系进行监督。教授会作为学校学术权力机构,对学校内部控制也具有监督作用。纪检、监察部门作为党委领导下的对党组织、党员、干部廉政情况进行监督、检查的部门,对学校各级干部、党员的经济活动监督的同时,也对学校内部控制进行了监督,成为高校内部控制体系中的又一个监督者。相互关系如图 5-2 所示。

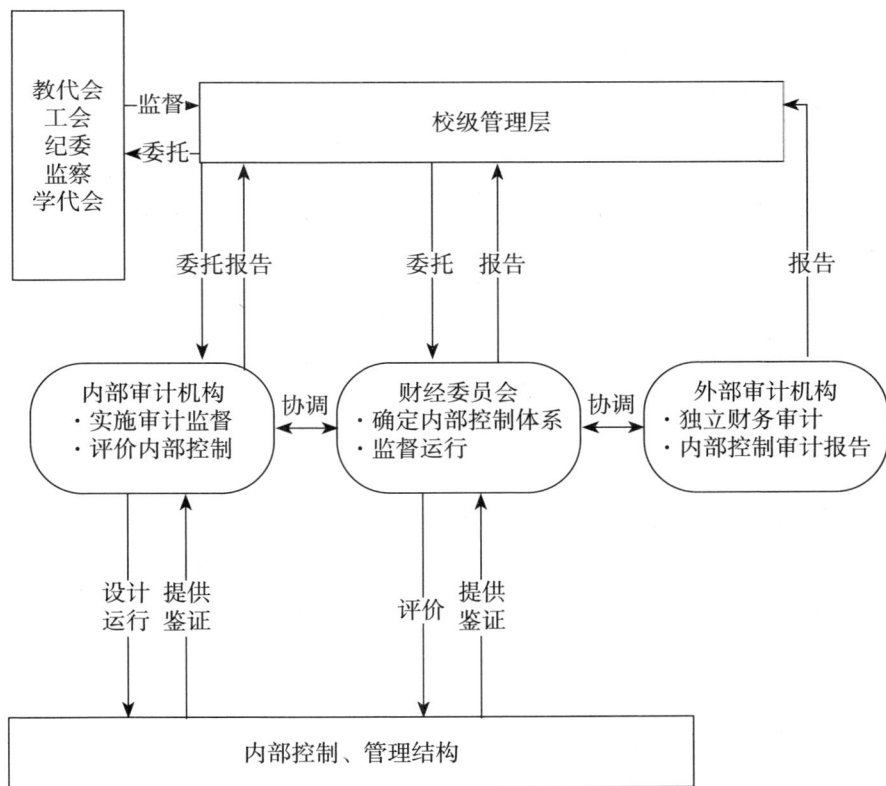

图 5-2 内部监督关系图 [1]

---

[1] 陈竹. 高校内部控制分析与设计 [M]. 北京:兵器工业出版社,2005.

（二）发挥内部审计作用

高校内部审计机构的基本职责就是进行内部监督。应当看到，内部审计机构在实施内部监督时，也是优势与劣势并存的。

内部审计机构监督的优势主要表现为：有内部人的责任感。内部审计人员熟悉、了解学校的实际情况，作为学校的一员，热爱学校，希望学校越办越好，具有强烈的责任感和敬业精神，这种为学校负责的工作精神、工作态度是做好监督工作的保证。有一定履行职责的职业能力。高校内部审计机构的人员素质是比较高的，具备履行职责的基本技能。

内部审计结构监督的劣势主要表现为：内部人及内部审计机构的相对独立性问题。内部审计是在学校行政领导下的独立监督，监督是相对独立的，无法像社会中介机构那样完全的独立于组织之外。内部审计人员自我更新能力受限。现代社会的发展要求内部审计人员不断超越自我，挑战自我，更新知识，提高见识，从历史上看，内部审计人员几乎将所有精力放在审计的具体程序、方法之中，很少能将精力放在对学校的管理进行全方位思考的层面上来，而战略思维、内部计划、承担风险、创新方案、保持核心竞争力、结果导向等方面的内容，是新时代所赋予内部审计人员的使命和要求。

在高校的全面工作中，内部审计是学校千头万绪工作中的一项。内部审计的监督贯穿于学校内部控制整体之中。为发挥职能起到监督作用，内部审计机构应研究高校改革的新局势，主动而细致地开展较为全面的各项审计工作；以监督和服务并重为指导思想，找准审计工作在学校中心工作中的位置；借助社会中介机构的力量，实现内部控制的监督；做好内部控制体系的建立、检查、监督、落实、评价工作；参与学校的重大经济活动，监督经济活动，促进经济活动符合法律法规和学校管理制度；对发现的问题及时向学校领导汇报，保证内部控制体系有效、畅通，减少管理漏洞。

（三）校务公开，提高管理透明度

随着高等教育改革的不断深入，社会对高校的一些活动产生了强烈的监督意识，比如教育收费问题。各高校对这些需求也给予了基本的回应，比如各学校进行了广泛的校务公开工作，以提高学校管理的透明度。校务公开作为监督学校管理的一项内容,也是学校内部控制的一个环节,借助校务公开,推进学校改革、建设、发展,推进学校的廉政建设,推进人们对学校管理活动的监督。

通过财务管理公开,推动财务管理的规范化。财务工作报告,要在学校教职工代表大会上通报;学校的收费项目、标准、依据、范围,要在学校公布栏中张贴;教职工补贴发放标准、办法,由人事处提交教代会通过等。通过这些做法,实现了教职工对学校财务管理的监督。

通过物资采购情况公开,提高采购工作的透明度。通过采购计划,采购方式,使用效果的公开,提高学校物资采购管理的规范化,也促进了教职工对学校资产管理的监督。

通过建设工程项目的公开,提高公众的监督、参与意识。基建工程项目公开包括基建、修缮工程项目的设计方案的征集、讨论;资金来源;计划总投资,建筑面积;招投标情况;竣工决算情况等内容的公开。通过公开,增强了教职工参与学校管理的意识,也实现了教职工对学校基建管理的监督。

通过科研立项、结果的公开,提高公平竞争力度,减少学术腐败,促进教师积极开展科学研究。科研立项、结果公开包括:科研项目申请情况的公开;科研立项的题目、承担人、项目金额的公开;科研项目结题情况公开;科研项目评奖结果公开;绩效评价结果公开;社会转让情况公开。公开,激励了教师积极参与科学研究,创建了学术自由的氛围,也实现了对于科研项目管理的监督。

公开管理信息,是社会民主化进程的必然要求,随着社会公众对高等教育关注度的提高,高校的校务公开的内容会不断增加。在现阶段下,学校可以根据自身管理情况,有条件、有范围、有针对性地进行校务公开。校务公开,构建了监督控制的管理环境,也进一步完善了学校内部控制中的监督机制。

(四)发挥社会监督作用

高校内部监督体系的监督属于内部人监督,当遇到关系到学校声誉等敏感问题时,内部监督机构对于问题的判断可能会带有一定的倾向性,会弱化监督的作用。而社会监督属于真正的外部人监督,不会受内部倾向性的影响,监督具有很强的独立性、客观性。

社会公众、社会中介机构是独立于学校之外的社会民众、专家机构，属于社会监督机构。如高等教育评估机构、会计师事务所、资产评估机构、报刊等社会舆论机构。社会机构独立于高校之外，其公平、公正、客观是他们服务社会的基础要件，其理智性、客观性，可以弥补高校内部监督人员监督不够"彻底"的缺憾。

学校可以定期或不定期地委托社会中介机构对高校的内部管理状况进行监督。借助社会监督机构的专业、职业能力，发现管理漏洞，降低内部群体舞弊案件发生的概率，加强内部控制，提高管理水平。比如：可以借助会计师事务所，对学校的财务状况进行审计监督，检查、审核、确认学校的财务管理情况。可以由上级教育行政主管部门牵头，从各高校中抽调审计人员定期或不定期地派出审计组，审核、监督高校的资产管理情况。可以借助教育质量评估机构，对学校的办学质量进行评估、分析，对学校的办学状况有一个客观的评判，更好地提高教学质量。可以委托资产评估机构对学校的固定资产、无形资产等资产进行评价、确认，检查、审核、确定学校资产情况。

通过借助社会专家的力量，监督学校的内部管理情况，不仅可以发现学校管理中的不足，防患于未然，还可以使学校高层管理者对学校的内部管理情况有一个基本的、全面的、客观的认识。

内部监督与外部监督相互结合，形成高校有效的监督机制，全面提高学校的内部管理水平。因此，社会监督与内部监督的结合与配合，有利于高校提高内部控制的监督作用。

（五）保证信息沟通渠道的畅通

内部控制监督的有效与否，有赖于有关方面能否进行充分、有效的信息沟通。一方面，学校内部监督部门之间需要充分的沟通，以提高监督的效率、效果；另一方面，公众对监督结果知情权的需求在不断增加，要求能够及时公布监督结果，实现学校与公众的有效沟通。因此，加强内部监督机构之间的沟通、提高监督结果的公知性，是做好内部控制监督的必要环节，而保证这两个环节的基础是保证信息沟通渠道的畅通。这也是为什么信息与沟通成为贯穿于内部控制五个要素之中的原因所在。

1.提高内部监督机构之间的信息沟通

参与学校内部控制监督的机构、人员很多,每个机构、人员都在依照所在机构的职责实施着监督行为,而并不了解机构外的其他人的工作情况。同时,并不能保证每个机构的每个人员,都能够全面了解学校内部监督的方式、程序、要求以及所采取监督方式可能存在的风险。通过有效的信息沟通,可以减少误解,降低重复性工作,提高监督效果。

2.建立监督结果公布的信息交流渠道

内部监督的目的就是要提高组织内部自我完善、自我约束的自我管理能力,如果监督的结果无人知晓或很少的人知晓,在某种意义上说,就没有达到自我约束的目的。另外,从管理学的角度来说,如果信息不能通过正式的、正规的渠道传递的话,非正式渠道、小道消息就会满天飞,不准确的信息可能就会占据信息源的主流。同时,含糊的、有歧义的披露,也会导致各种不同解释的泛滥。因此,通过正式的渠道、正规的方式公示监督结果,是实现监督目的、保证监督效果不被曲解的有效方式。在现阶段,学校可以根据自身管理的特点和需要,在保证学校稳定、发展的前提下,有选择性地进行监督结果的公示,以促进改善内部管理,提高内部控制。

第六章

高校财务内部控制制度建设

随着国家的不断进步,我国教育事业经过不断地改革,也取得了巨大的进步。高校招生人数增加,校园规模扩大,相应地,国家对教育的资金投入也不断增加。当前,我国很多高校依然沿用以往的方式进行资产管理,这严重阻碍了高校财务工作的顺利开展。因此,高校需要进行财务内部控制制度建设,以与时俱进的方式进行资产管理,完善财务内部控制管理体系,以保证高校能系统地管理学校的财务,有效保障高校资产的安全性和完整性。

第一节

高校财务内部控制政策与法规

一、高校财务内部控制政策

2012 年 11 月 29 日,国家财政部发布通知称《行政事业单位内部控制规范(试行)》已制定完成,并正式印发,这令我国行政事业单位内部控制和管理制度从此有了法律依据,也为我国各级行政事业单位(包括高校在内)风险防范能力的跃升提供了保障。《行政事业单位内部控制规范(试行)》于 2014 年 1 月 1 日起施行,下文统一简称为《规范》。

(一)《规范》的基本内容

《规范》的内容主要分为这几个版块:首先是总则、风险评估和控制方法;其次是单位层面内部控制和业务层面内部控制;再次包括评价与监督、附则等。

《规范》围绕内部控制这一概念,对其含义和目标作出详细的分析,并将单位建立与实施内部控制的原则阐述得十分清晰到位。

另外,《规范》还强调我国各级行政事业单位(包括高校在内)想要进行内部控制,得分别从单位、业务这两个层面入手。具体分析如下。

单位层面的内部控制内容主要包括以下几点。第一,各行政事业单位可以单独设置一个部门去发挥内部控制职能,并协助该部门做好相关工作;第二,单位比较重要的经济上的决策最好由单位领导集体研究后再正式确立,另外还可在内部创建一种与过去截然不同的,将集体研究、专家论证和技术咨询相结合的议事决策机制,也就是说,单位经济活动的决策、执行和监督职能最好不要掺合在一起,要实行分离。第三,单位健全内部控制关键岗位责任制。明确岗位职责,做好岗位分工,确保不相容岗位相互分离。第四,内部控制关键岗位工作人员应当具备一定的工作资格和工作能力,以适应相应的工作。第五,单位设立会计机构,配备具有相应资格和能力的会计人员。第六,单位可以将现代化科学技术手段应用到内部控制中。[①]

《规范》中将业务层面的内部控制阐释得层次分明、条理清晰,主要包括六个方面:预算业务控制、收支业务控制、政府采购业务控制、资产控制、建设项目控制、合同控制。《规范》明确提出业务层面的六个方面都要逐一创建合适的内部管理制度,并根据现实需求去设置合适的岗位,明确岗位职责,确保不相容岗位相互分离。

此外,《规范》还阐述了风险评估的相关内容,分别从单位层面和业务层面两方面做了详细陈述。《规范》总结了单位内部控制的八种有效手段,分别是:不相容岗位相互分离、内部授权审批控制、归口管理、预算控制、财产保护控制、会计控制、单据控制、信息内部公开。同时,规定还指出内部控制机制的创建与执行少不了一套明确的评价与监督体系,各级单位当务之急是在原先的监督制度的基础上重建一套崭新的、更先进、更切合实际的监督制度,并尽快落实相关部门或岗位的内部监督职责,对建立与实施内部控制进行内部监督和自我评价。

(二)实施《规范》对高校的重要意义

在《规范》出台之前,我国高校也出台了一些相关的制度和文件来规范高校的内部控制建立和实施,但都不够全面和系统。《规范》的出台在一定程度上有效整合了高校内部控制存在的问题,解决了高校内部控制存在的一些问题,成为高校内部控制制度的权威性、指导性、纲

---

① 财政部会计资格评价中心.全国会计专业技术资格考试辅导教材全国会计专业技术资格考试参考法规汇编 [M].北京:中国财政经济出版社,2013.

领性文件。将《规范》应用于高校内部控制建设,对于高校财务信息的安全、财产物资的完整以及财务信息的真实可靠有着保障作用,对于舞弊、腐败等现象有着防范作用。同时,这也提高了高校的管理水平,促进了高校稳步、有序的发展。

(三)《规范》对高校内部控制的规范要求

《规范》作为高校内部控制的指导性纲领文件,从各个方面对高校内部控制提出了规范性的要求,具体有以下几个方面。

首先,对高校内部控制目标加以规范。随着高校规模不断扩大,高校资金来源渠道逐渐增多,尤其是来自社会的资助逐渐增多。资金来源渠道增多势必会在一定程度上增加高校经济活动的风险。要防范风险,就需要有力的防范制度,但高校内部控制制度却缺失,这导致高校财务管理工作混乱,进而影响了高校的教学活动。因此,《规范》的出台,明确了高校内部控制的目标,为高校内部控制制度的健全、内部控制制度风险管控指明了方向。

其次,对高校内部控制方法进行规范。《规范》明确指出了内部控制的控制方法,这成为包括高校在内的行政事业单位建立和实施内部控制规范的控制方法。根据《规范》提出的控制方法,高校的内部控制体系逐渐完善,变得系统化,管理工作变得顺畅,日常工作效率大大提高,同时,内部控制实施过程中可能出现的风险和工作舞弊现象也得到了有效规避。总之,高校内部控制的控制方法得到规范,为高校的稳定、有序发展奠定了坚实基础。

最后,对高校内部控制要素进行规范。高校内部控制要素包括控制环境、风险评估、控制活动、信息沟通与交流和监督等。其中,控制环境提供环境基础;风险评估指明目标方向;控制活动是高校内部控制建立和实施的措施、手段和程序;信息交流和沟通提供信息保障;监督使内部控制实施规范化。《规范》分别从这几个方面给予了明确的阐述,更有力地保障了高校内部控制的建立和实施。

二、高校财务内部控制法规

（一）国外高校内部控制法规的发展

国外高校内部控制制度主要依据企业的内部控制制度制定。美国、英国、日本等国家高校的内部控制制度建立较早。这些国家的高校内部控制制度建立以成熟的内部控制框架为基础，同时结合了高校的特色。

在当前的经济背景下，很多国家的高校将建立明确的内部控制制度作为公共管理的一种基本要求，提出了强制性执行的内部控制标准。公共组织的内部控制建立成为必然。从 2004 年开始，欧盟制定了内部控制共同规则，鼓励各组织或各国之间进行沟通，建立资产保护制度，保证财务信息真实可靠，保障金融业务符合道德公约。通过欧洲委员会的管理，欧盟各成员国共同讨论如何有效管理公共组织，以促进各成员国有效沟通协调和执行内部控制的目的的实现。

此外，国外高校内部控制体系还设立一些权力机构，如董事会、审计委员会等。董事会是最高权力机构，有权对高校内部组织进行合理分工，明确规定各组织的权力，如专有权力、共享权力和协商权力等。董事会还有权建立学术权力和行政权力制衡机制，促进高校科学决策。美国的高校内部控制由董事会执行。董事会合理编制岗位，明确岗位职责，施行严格监督。同时，美国的高校内部控制由内审部门来评价内部控制的实施效果，并进行绩效分析，报告风险管理和内部控制实施情况。

（二）我国高校内部控制法规的发展

自 20 世纪 80 年代起，我国企业内部控制研究开始发展，呈现出"政出多门"的特点。《规范》的实施，在一定程度上影响了我国高校内部控制体系的建设。通过《规范》的引导，高校结合自身实际特点，不断完善内部控制制度，提升资金使用效率，降低财务风险，保证高校各项活动正常进行。《规范》的施行促使高校保持了良好的竞争力，为我国高等教育发展做出了贡献。

第二节
高校财务内部控制制度设计原则与方法

一、内部控制制度的设计原则

为了保证学校教研活动能够正常进行,确保资产安全完整,保障财务信息真实,提高资金使用效益,促进学校实现可持续发展,各大高校必须针对本校情况去施行各种财务内部控制手段。当前,我国多数高校已建立起一套完整的内部控制制度,然而,令人遗憾的是,还是有很多高校对内部控制不够关注,甚至对内部控制存在误解,这使得高校内部控制相对薄弱,缺乏有效的监督机制。这种情况下,我国高校有必要进一步明确内部控制制度的作用,大力推进内部控制制度的建立与完善。

高校内部控制制度自有其设计原则,即高校设计内部控制制度时不能将客观规律和基本法则抛之脑后,而一定要格外重视这两点。高校在设计本校的内部控制制度时,一定要在仔细研究并遵循内部控制规范、综合分析并吸收国内国外的成功经验的基础上,结合本校实际去创建一整套的内部控制体系,并在实践的过程中不断完善,使之越发科学合理。

（一）信息化原则

信息化原则实际上就是目标性原则,即在内部控制制度设计时,应考虑其要达到的目的。信息是重要的经济资源,任何高校的内部控制都离不开信息。高校管理过程就是信息传递和转换过程。因此,高校内部控制制度设计应充分使用信息方法,提高系统的可靠性。

首先,保证有效使用信息资源。高校应建立系统的信息网络中心,从不同层面保证信息的搜集、贮存、加工、输出与使用。其次,保证高校信息沟通。高校内部控制制度设计,应保证生产经营过程对生产信息和科技信息的需要,通过沟通,为教学与管理提供所需的各种信息。保证行政组织系统在人与人、组织与组织之间传达和交流思想的信息需要。同时,保证政治思想工作系统对信息的需要。最后,保证信息及时反馈。做好信息反馈是做好内部控制的前提,为了保证信息能够被及时反馈,就要从制度上去强调并强制规定这一点。系统发送的信息被人们充分利用,当其作用于被控制对象时,必然会产生新的有效信息,然后再将这些信息输送回系统,并影响信息的再输出,这就形成了一个良性循环。决策的过程就是不断利用管理实践活动中反馈的信息,不断地修正决策方案,最终达到预先决策目标的过程。[①] 做好内部控制,必须首先做好信息反馈。

（二）全面化原则

全面化是指内部控制制度不能单一作用于高校的某一部门和岗位,而要逐渐渗透到高校的大小业务中,覆盖所有部门和岗位。一般来说,一个单位的经济业务活动是离不开财务工作的。财务工作贯穿于单位经济业务活动的整个过程。由此可见,高校财务内部控制制度设计一定要全面。高校财务内部控制制度要与其他内部控制制度相互衔接,制定统一的目标,发挥总体功能,实现高校财务内部控制的总体目标。此外,全面化还指内部控制制度对高校所有的工作人员都具有约束力。因此,在高校财务内部控制制度设计过程中,要充分听取和采纳全体人员的意见和建议,充分发挥全体人员的积极性,促使全体人员自

---

① 柴磊 . 企业内部控制实务 [M]. 济南：黄河出版社,2003.

觉执行内部控制制度。

高校是一个具有普遍联系的完整体。进行内部控制制度设计时，必须要站在全面的角度，从高校这一整体来考虑，要将各部门和各岗位形成一个有机的统一体，以保证各部门和各岗位均能按照目标相互协调地发挥作用。

（三）标准化原则

标准化原则即应用性原则。内部控制制度要在高校中能够被有效应用，就需要在设计时考虑以下几方面要求。

第一，合法性。内部控制制度应在宏观控制指导下进行设计，即要以党和国家的各项方针、政策、法规、制度为依据，同时要和宏观控制制度协调一致。

第二，适用性。内部控制制度设计既要考虑国家的要求，也要考虑高校经营的现状。实际情况是，国内大小高校都有着各自的创建背景和建校规模，在人员构成、技术设备、经营方式等方面截然不同，其制度的层次、内容也绝少雷同，因此要因地制宜进行设计。既要注意制度的全面，又要突出重点；既要注意手续的完备齐全，又要尽量去简化程序，避免麻烦[①]。

第三，有效性。内部控制制度要有针对性地防范错误，提高效益。因此，在内部控制制度设计过程中，要做到以下几点：保证制度内容严谨、完善、可靠；制度体系协调一致，既要有制约作用，又要有协调机制；控制要适度，保证既不影响工作人员的积极性，又不会引起运行机制失调。

第四，合理性。高校财务内部控制制度要有利于提高工作效率和社会效益。因此，在进行内部控制制度设计时既要顾及经济性，又要顾及效益性。总之，高校财务内部控制制度要合理。设计制度一定要注意节省费用，精简机构，缩减人员，简化繁杂的程序和手续，避免重复劳动。

（四）制衡性原则

想要降低业务活动的出错率，最好在活动实施前后或实施过程中去经过两个以上环节的监督和核查，而这些监督、核查的环节最好是相

---

① 李凤鸣. 内部控制学 [M]. 北京：中国商业出版社，1992.

互牵制、相互对立的。

对于高校财务内部控制制度,相互牵制必须考虑两个方面,一是横向控制,二是纵向控制。横向控制是指一项工作在完成的过程中最少需要两个部门去相互监督和证明,这两个部门相互独立,职责不同,却有着相同的监督功能。纵向控制是指一项工作在完成的过程中最少需要经过两个岗位和环节的相互牵制和监督,这些岗位和环节互不隶属,这使得上下级间的所有动作、决策都是公开透明的,无法越轨。举个例子,某所高校需要采购一批设备,而该校的资产设备采购部门先得准备好采购单或合同,再去找相关领导进行审批,等流程结束、确认没有问题后,才能拿着盖了章的采购单或合同进行采购,这就是纵向控制;采购完毕后,这些设备在办理完相关手续前,先得经过特定部门的检验,合格了才能顺利验收,这就是横向控制。这套采购控制系统将横向控制和纵向控制有效结合起来,能起到超乎想象的效果。因此,高校财务内部控制制度设计必须考虑制衡性原则,只有经过横向关系和纵向关系的监督和核查,才能使高校财务工作顺畅进行,减少不必要的错误。[①]

不相容岗位、职务分离控制就很好地体现了制衡性原则。岗位责任原则的核心是围绕着责任及权力这两个关键词的,所以,包括高校在内的行政单位在设置不同的工作岗位时,需要给岗位规划一定的职责,并赋予其相应的权利。另外,各单位最好根据各自的管理模式去设置岗位,并考虑将授权岗位、执行岗位、审核岗位、保管岗位和记账岗位分离开来,使得各岗位职责分明,工作流程清晰,这有利于各部门和工作人员相互审查和制衡,以防止舞弊行为的发生。

(五)成本效益性原则

近年来,我国市场经济飞速发展并日益成熟,这种社会背景下,国内高校办学也走向了市场化。高校想要获取理想的经济效益,就要通过各种渠道去提高资金的使用效率,如此便能为教学提供更多的保障。一般来说,参与控制人员越多,控制措施越严密,控制效果就越好。但是,控制成本便相应的水涨船高。所以,高校在创建内部控制系统时,

---

① 企业内部控制编审委员会.企业内部控制基本规范及配套指引案例讲解2015年版[M].上海:立信会计出版社,2015.

最好要进行多方面、全方位的考虑,比如,除了关心效率的提升外,还要兼顾成本的控制。对于类似于投入成本、产出效益这种关键控制点而言,因为它们能够发挥的作用很大、影响的范围也很广,所以一定要严格把控。对于那些影响范围不是很大,只能在局部发挥作用的一般控制点,高校只需进行监控即可。高校一定要避免设置过多的一般控制点,简化操作手续。高校一定要根据实际情况合理设定控制点,不能因不必要控制点的设立,而导致投入与产出比例失调。

二、内部控制制度设计方法

(一)控制制度设计范围

控制制度设计有全部设计和局部设计两种情况。全部设计是指对全部控制制度进行设计。对于高校财务控制制度设计来说,没有任何管理制度的新建的高校,因业务变更、经营方向改变、管理要求更新而重新制定制度,这些高校所进行的控制制度设计都属于全部设计。全部设计包括制度的全部内容,如高校的基本概况、基本经营思想、基本政策与方针、基本经营业务、组织系统与目标以及各项具体业务的处理程序与控制方法等、全部管理控制制度和会计控制制度。

局部设计是指对部分控制制度的设计,即对部分内容进行修改。例如,根据当前教学计划进行制度修订,根据竞争的需要和外部环境的需要新增课题研究开发制度。高校财务控制制度局部设计又可分为新订与修改。新订是指设计原来没有的制度,既包括全部制度的新订,也包括部分内容的新订。修改是指对原有制度的修订,既包括全部制度的修改,也包括部分制度的修改。[①]

(二)控制制度设计主体

高校财务内部控制制度应由高校最高管理者组织、负责、研究和施

---

① 李凤鸣.内部控制学 [M].北京:中国商业出版社,1992.

行。内部控制制度设计团队整体在进行高校财务内部控制制度设计时，必须具备一定的条件才能胜任工作。具体条件如下：全面了解高校的经营政策和活动；清楚高校管理的思想、方式、目标及需要；熟悉内部控制理论；熟练应用内部控制；具有丰富的工作经验；知晓高校经营相关政策与法规；具有预见性和逻辑思维能力；有较强的综合、归纳、分析能力和较高的文字表达能力等。

高校财务内部控制制度设计人员主要包括高校内部专业人员和高校外部受聘专家。高校内部专业人员由高校主要负责人领导，由审计、财务及相关职能部门负责人组成设计小组。设计小组在主要负责人的统一指挥下进行分工。由高校内部专业人员自行设计能节约设计时间和费用，方便获得高校有关部门的协作，便于制度实施与修改。但高校内部专业人员自行设计容易受到传统经营思想和传统经营方式的制约。高校外部受聘专家接受过专业训练，知识广泛，经验丰富，能站在客观的立场上，创新设计。但是高校外部受聘专家的设计费用相对较高。

由此可以看出，高校财务内部控制最理想的设计方式就是高校内部专业人员和高校外部受聘专家合作进行设计。设计以高校内部专业人员为主，高校外部受聘专家为辅。

（三）控制制度设计重点

高校财务内部控制制度不仅重视效率和效益，还需适应高校的组织结构变化和特殊需要，以及影响高校工作人员的行为。因此，高校财务内部控制制度设计过程中，必须着重设计一些重点问题。

第一，注重预防控制。高校财务内部控制制度设计过程中，要注意事前和事后控制。建立内部控制制度，最好事前控制，避免高校出现工作效率低和不法行为，保证高校各项业务活动有序运行。同时，做好事后控制，以检验预防控制效果，如进行内部稽核或内部审计等。内部控制制度设计，应以预防控制为主、以查处性控制为辅，以促进控制效率与效益提高。

第二，注重体制牵制。高校应根据自身特点设置职能部门。各职能部门要对各自的管理对象有清晰的认识，在明确管理范围的前提下，划分岗位权责。

第三,注重程序制约。为了杜绝贪污、舞弊等现象,高校在建立内部控制制度时,要将内部牵制组织的设计作为重中之重,并将不相容的岗位分离。程序控制通过凭证的传递与处理体现出来。在高校财务内部控制制度设计时,一定要做到:严格规定所有业务的处理,必须取得合法的凭证;规定凭证的处理程序与传递路线及其归属;明确规定业务记录与业务处理的程序要相互衔接,协调一致。

第四,注重责任牵制。责任牵制是内部控制的核心问题,在设置相关机构和进行岗位分工时,要明确相应部门组织及工作人员所需要承担的责任范围,工作过程中若有过失或者功绩,要根据过失或功绩的大小、性质来给予相应的奖惩措施,而具体制度、措施的制定要着重考虑体制牵制、程序制约等因素。高校的各项业务内容和资料接受高校领导人及管理阶层的监督,并经常接受检查考核。高校内部控制是否有效,主要取决于管理者的个人能力或集团素质。当地方高校规模扩大,变动因素增加,如超越了任何个人的控制能量,则必须利用制度控制,方能达到严密监管的目的,用制度来代替直接的管理监督已成为现代庞大而复杂的地方高校的必然趋势。从某种意义上讲,现代高校能否生存和发展,主要依赖的不是一个或几个有才干的人,而是健全的、可以信赖的、并能产生预期效果的内部控制制度。

(四)控制制度设计具体实施

1.财务活动基础内部控制制度设计

财务活动基础内部控制制度设计主要是针对相关的机构、岗位职责,从不同方面规定各机构、各岗位的相关职责和权限,如各机构、各岗位明确分工,各机构、各岗位之间的合作,各机构、各岗位之间的相互监督。通过设计财务活动基础内部控制制度以促使不相容职务相分离,各机构、各部门之间形成制衡机制,最终推动高校财务内部控制制度的设计工作顺利进行。

财务活动基础内部控制制度设计有以下两方面工作。第一,高校领导成员合理分工,负责不同业务,设定预算开支审批限额。第二,高校各部门明确职责,合理分工。人事部门负责编制工资、津贴、补贴发放清单。财会部门负责资金收付、结算,监督款项收回。

2. 预算编制内部控制制度设计

建立预算编制内部控制制度,可保证预算合理、合法,符合高校实际应用需求,有助于促进高校各项工作有序开展,实现可持续发展,避免盲目预算,浪费资金。

预算编制内部控制制度设计需做好以下几方面工作。第一,高校要做好年度预算计划,将各项财务收支情况纳入预算管理范围。第二,高校在制定年度预算计划时,各部门要将各项开支计划报给财务部门,财务部门再根据高校的发展规划和资金情况,做综合分析和考量,最终编制年度预算。年度预算编制完成后,需经高校领导集体审议通过和当地财政主管部门批复后方可执行。

3. 收费内部控制制度设计

建立收费内部控制制度,保证收费合理化,杜绝乱收费、收费差错或舞弊行为发生。收费内部控制制度设计实施要注意以下几点要求。第一,做好收费公示工作,让学生明确收费、监督收费,防止出现收费差错。第二,做好发票管理工作,严格按照相关制度进行发票管理工作,以保证发票款项及时入账。第三,做好收费稽核工作,定期核查收费情况,防止多收、少收、漏收现象出现。

4. 支付内部控制制度设计

建立支付内部控制制度,保证各项业务支付合理化,防止发生诈骗行为,避免付款差错,最终保证资金安全。

在支付内部控制制度设计实施过程中,要做好以下几方面工作。

第一,借款控制。高校工作人员因公借款,需经用款部门负责人和相关校级领导审批。开支经办人借款办理付款后,应尽快获取结算凭证和付款凭证,及时报账还款。借出款项未能按时完成报销还款时,财务部门可在经校领导批准后从借款人个人收入中强制扣除借款。

第二,报账控制。在办理报账业务时,财务部门应严格审核和查验开支审批手续,严格核实付款凭证和结算凭证,以确保凭证真实、完整、合法、合规。

第三,支票使用控制。空白支票和支票印鉴应由两人分别保管,避免发生一人签发支票的现象。

第四,支付复核。会计审定支付凭证后,出纳人员据此进行付款和记账,然后主管会计、分管会计在记账时再次核对支付凭证,以确保支付没有差错。

5.核算内部控制制度设计

建立核算内部控制制度,保证各项收支业务合法合规,确保各项财务信息真实完整。设计核算内部控制制度时,要注意以下几个方面。第一,在会计记账时,主管会计应根据原始凭证编制记账凭证,然后分管会计对记账凭证进行复核,确保无误后录入系统。第二,财务部门定期将财务信息送至相关部门,相关部门对信息进行核对。第三,分管会计及时清理留存的债权债务,督促相关部门人员及时结算款项。第四,主管会计根据财政主管部门要求编制年度决算书。①

第三节

财务风险管控视角下的高校内部控制制度研究

一、高校内部控制存在的问题

随着我国科教兴国战略目标的实施,我国教育资金投入逐渐增多,

---

① 陆永根.高校财务内部控制制度设计[J].会计师,2012(12):43-45.

高校资金使用也逐渐显露一些问题。这些问题多与高校缺乏完善的内部管理制度、缺少有效的财务风险管控机制有关。在财务风险管控视角下，高校内部控制存在的问题主要有以下几个方面。

第一，高校内部控制易受环境影响。影响内部控制的环境不是指学校的自然环境，而是指学校内部控制环境。高校内部控制顺畅运行，需要良好的内部控制环境。而良好的内部控制环境会大大提高高校内部控制工作效率。目前，我国高校所面对的内部控制环境大多都不完善，存在一些问题。例如，没有独立的内部控制工作环境，存在诸多干扰因素，欠缺规范的内部控制机制。总之，在进行内部控制时，内部控制环境不能起到有效的环境促进作用，导致高校在进行财务管理时不能做好财务风险管控。

第二，高校缺乏完善的管理体系，不利于内部控制工作开展。高校始终坚持国家的教育方针和教育政策，顺应国家教育趋势，积极扩大招生和扩大规模。为了扩大规模，高校通过银行贷款、社会贷款等方式筹集扩建资金，这让高校背负了一定的财务负债。同时，部分高校没有专业性人才，缺乏合理的管理体制，致使基建工作缺乏有效约束。这些原因导致高校在扩建集资时，没有做合理的资金使用规划，导致出现财务风险，影响高校正常工作。

第三，预算体系不健全，影响内部控制。高校在进行财务内部控制时，需要有效的预算管理。合理的预算管理，能有效促进财务管理工作的开展。因此，高校在进行内部控制管理时，必须要做好财务支出预算管理工作。但实际情况是，很多高校都未进行合理的预算管理，在预算人员结构、预算方法、预算编制等方面存在诸多问题。总之，高校的预算管理工作没有形成合理的体系，预算管理工作不顺畅，那么高校内部控制管理也就不顺畅，高校建设无法正常进行。[①]

二、高校内部财务风险管控机制构建的价值分析

当前，高校财务工作面临各种潜在风险，因此，必须建立内部风险

[①] 何沈唯. 财务风险营控视角下的高校内部控制分析 [J]. 行政事业资产与财务，2018（21）: 53–54.

管控机制。构建内部财务风险管控机制,有利于营造健康有序的工作环境,财务工作公开透明化,有利于各项管理决策顺利落实,有利于岗位职责权限明晰化。

三、建立科学有效的高校内部控制制度的措施

(一)依法多渠道筹集资金以提升抵御风险的能力

高校内部控制的重点就是依法多渠道筹集资金来为自身发展服务,化解债务风险。高校筹集资金应做到以下几方面内容。

首先,拓宽筹集资金渠道。第一,高校要继续利用现有资金来源渠道,争取科研课题和专项经费。第二,高校也要改革收费管理方式,降低学生欠费率,增加资金流动性。第三,成立基金会,吸引大量社会资金,并规范管理社会资金。第四,积极开展校企合作,承担企业课题,出让专利和技术,实现高校和企业共赢局面。

其次,积极面对并妥善解决债务风险问题。将不同的债务结构划分为不同的周期,使流动资金贷款工作变得更合理。时刻关注贷款动态,有效加强对已有的各类贷款工作的视察情况。做好学校资金规划工作,避免贷款集中到期带来的恶性循环。时刻关注并研究国家贷款政策,一旦出现利好的贷款政策,及时抓住机会筹集资金,应用于学校建设。

(二)强化经济业务层面内部控制以切实维护高校权益

第一,加强对附属单位的监管力度。大多数高校都建有专门的附属医院、独立学院等附属单位。这些附属单位与高校之间有多元化的经济关系。若高校对这些附属单位监管不到位,则可能会引起资金游离现象出现。因此,高校需切实加强监管力度,重视对各级附属单位的监控,明确各级附属单位的资金使用权限,建立专门的规章制度。

第二,预算实施精细化管理。要做好预算管理工作,必须要做好审批工作,充分落实精细化管理。严格管理预算内容,必要时采取刚性措施。做好绩效评级工作,强化后续工作。

第三,大力清理资金流向。高校资金缺乏专项管理,导致被占用,因此,高校有必要开展专项清理与整治工作,对往来款项进行专门清理,杜绝出现坏账、流账。

第四,"大数据"促进财务信息规范化。随着我国互联网信息科技持续发展,高校应当完成财务工作的信息化转变工作,使用最新的设备和软件系统。同时,借助互联网这一媒介,做好高校各部门衔接工作,保证财务部门最先了解资金动向,切实提升工作质量,避免出现信息孤岛现象。

(三)实时监控预警以促进校内财务风险问责制度落实

高校财务管理工作的顺利进行离不开科学合理的管理制度的实施,后者发挥作用时,高校内部环境的建设也向着好的方向发展。这种情况下,为了让高校财务内部控制制度发挥出应有的作用,必须做到以下几点。

第一,为了创建一个良好的高校财务管理工作环境,高校要落实好专门的预警机制。[①] 通过预警机制,当高校财务管理工作面临风险时,高校能第一时间做出反应,给予适当的监控和预警。通过建立预警机制,高校能对财务系统做出全面评估,工作人员能及时了解财务工作中存在的潜在风险,从而及时采取措施,进行适时调整与优化。设立专门的预警机制,有助于推动高校财务管理工作顺利进行,防范并控制财务风险。

第二,建立良好的问责制度,并积极全面落实,以管控可能发生的财务风险。确立良好的问责制度,能促使财务工作人员明确工作价值,增强责任意识,从而降低财务工作的失误率。

第三,高校需更加明确责任分级制度。高校的财务管理工作不只是高校财务部门这一个部门的任务,也与高校其他工作人员紧密相关。高校的每一位人员只有更加明确自己的工作职责和工作范畴,才能更

---

① 郭道芝.财务风险管控视角下的高校内部控制分析[J].财会学习,2019(26):248.

好地做好本职工作。每个部门、每个工作人员相互监督、相互制约,共同推进高校工作开展,强化资金风险防范等级。

(四)完善高校内部控制系统

建立和完善高校财务内部控制体系,避免外部威胁和财务人员之间的勾结。高校需组织专门的管控队伍,完善内部控制体系。选择纪律性强、具备良好道德观念的工作人员,选择拥有多年财务工作经验的工作人员,组建高素质的管控队伍。同时,相关的技术人员也需了解学校的体系流程,从而创设更好的氛围。高校必须完善内部控制系统,将资产真正用到可用之处,才能达到最好的高校建设效果。

(五)建立有效的绩效考核机制

高校不仅要强化内部控制,还需明确绩效考核任务。根据实际情况,高校建立有效的绩效考核评价机制,对高校所有工作人员进行业务评价,从而促使高校所有工作人员能提高自己的工作效率和工作质量。绩效考核评价机制注重全面性,主张让所有人员参与其中,促使财务风险管控工作落实到每个工作人员身上。同时,绩效考核评价机制也适用于项目评价,相关人员分析项目的优势与劣势,吸收先进经验,摈弃不利因素,为后续财务管理工作顺利开展打牢基础。

四、高校内部控制制度总体设计

(一)高校内部控制设计的目标

1.贯彻执行国家教育方针和高校管理制度

党和国家将"培养全面发展的社会主义建设者和接班人"作为教育方针,将"培养具有创新精神和实践能力的专门人才、发展科学技术文化、服务社会"作为高校教育的主要任务。高校内部控制坚持以教育方针为最高目标。因每所高校自身特点的不同,每所高校都有相对独立的管理目标,都有适合自身发展的独立的管理制度。高校要实现自己的管理目标,保证各项管理制度落实到位,高校内部控制必须要充分发挥服务功能。

2.保证高校各项资产安全和完整

高校资产完整、安全,说明高校内部控制运行顺畅。高校资产与高校内部控制密切相关。高校内部控制要确保高校资产完整,避免出现资产流失现象。高校必须保证流动资产和实物资产的安全和完整,防止各种侵害资产安全的事件发生,严厉惩处各种侵吞行为,以保证高校工作正常开展。若高校资产的安全和完整得不到保障,那么高校内部控制就不能很好发挥作用。

3.确保高校管理信息和财务会计资料真实完整

高校管理信息的真实、完整对于其教育方针和管理目标的实现至关重要。因此,高校内部控制的运行必须着重关注高校管理信息和财务会计资料的真实和完整。高校要确保管理信息和财务会计资料真实完整需要做好以下几方面工作。第一,高校管理活动,包括信息的生成、汇总、传递等,均需按规定进行。第二,高校财务信息要完整,确保记录准确、及时,按要求编制会计报表。第三,经授权后,方可接触和处理资产,要定期核对账面资产,以确保与实际资产相符。

4.确保权责明确

组织权责明确,组织人员和各级部门的积极性才能得以发挥。组织权责分工不明,各部门互相推卸责任,那么工作效率必定会受影响。同时,分工不明,权责不清,针对不相容岗位缺乏制度约束,那么内部控制便不会发挥作用。因此,在高校内部控制框架下,权责分工细则必须明确。

5.完善人事管理制度

合理完善的人事管理制度是保证高校能够持续合理发展的关键。如果高校人事管理制度不健全,那么高校将无法保证管理工作的人力要求,管理工作会出现人力紧张,内部控制就不能起效。因此,建立完善的人事管理制度,能满足内部控制设计目标的人力要求,同时能够满足高校长期发展的需要。

(二)高校内部控制设计的控制对象和运行

1.控制环境

所谓高校内部控制环境,其实是与高校内部控制系统产生关联的各种因素的总称。它主要包括高校管理人员的道德和素养、高校组织结构及其发展方向、高校文化建设和各种工作规章制度的制定等。高校内部控制环境向着良性发展,高校内部控制运行也会变得无比顺畅,而高校相关人员对内部控制的认识也会越发清晰,意识也会有所提高。高校内部控制环境是其他控制因素的基础,是高校有序发展的重要依托。建设积极的高效的高校内部控制环境,是任何事业发展的基础性因素。[①]

目前,高校内部控制还存在一些问题,如高校控制风险意识淡薄、决策机构权责不清晰、财务管理部门不受重视、高校文化影响力不够等。为营造良好的内部控制环境,高校必须要做好以下几方面工作。首先,加强大学文化建设。其次,高校管理者要充分发挥带头表率作用。再次,明确不相容岗位职责要求,划分管理层级,合理分配职责,制订合理工作机制,如招聘机制、培训机制等。最后,大力宣传内部控制理念,使内部控制理念深入人心。

此外,高校内部控制环境的运行需要遵循一定的规范,即必须有完善的运行规范。在规范指导下,内部控制各因素被调动起来,有秩序地运行,为内部控制目标的实现提供良好服务。高校内部控制环境的运行是可控因素的有效调节。内部控制环境因内部控制活动而运行,同时又促进内部控制活动开展。

2.风险评估

所谓风险评估,指的是对某一事件造成的后果、影响范围和损失的程度进行评估,并将影响范围和损失的程度进行量化。而高校的风险

---

① 徐峰.现代高校财务管理的实施与监督[M].长春:东北师范大学出版社,2018.

评估指的是对高校各种活动(比如经济和管理活动等)的内部风险和外部风险进行识别和分析。风险评估能有效地保护高校控制活动。同时,风险评估工作并不是一成不变的,一旦高校的控制目标发生变化,它也会随之发生变化。在所有的经济行为中,绝对安全是不存在的,各种各样的风险如影随形。想要在风险来临时及时规避,并最大限度地减少损失,就要充分利用各种风险评估手段去保护高校控制活动,并提前规划好控制目标,计算好承受风险的极限。

3.控制活动

控制活动是高校内部控制中的一个重要环节,主要包括能帮助管理者决策顺利实施的政策和程序,也包括针对高校控制风险所采取的措施。高校控制活动的主要内容就是制定内部控制执行程序和规章制度,具体包括高校管理行为的授权、批准、执行、复核、资产保护及高校岗位职责分工等。我们需注意,高校的控制活动必须与本校的办学目标和办学特点相结合,其所制定的相关规章制度如果不适合本校,反而会造成不好的后果。

高校内部控制的顺利实施离不开各种控制活动的开展。高校必须按照一定的控制原则来制定、施行各项决策,并借助控制活动,对控制对象实现有效控制。高校控制活动顺利开展能促进高校控制目标实现。控制活动的开展须听从高校管理者的安排,要针对变化及时进行调整。及时的调控活动保证高校内部控制各要素维持在一个相对稳定的状态。

控制活动的主要形式是调整和规范。高校针对不稳定因素,及时进行调控。举个例子,高校的会计控制及会计活动有时候会出现记录缺失或者资金在流入、流出的环节中不符合原有程序的现象,这时就需要高校会计控制活动发挥调控作用。

4.信息与沟通

高校内部控制体系通过信息形成一个相互联系的网络。在这个网络中,信息是媒介,不断传递高校内部控制系统的运行状况。高校内部控制实施的有效性,依托于信息的快速传递,更与相应的信息处理反馈活动息息相关。

在高校信息与沟通中,信息发布者和使用者首要的工作是筛选、查验信息内容,核对信息是否准确,查验信息获取是否方便,以确保管理信息的时效,信息处理系统的业务集成。

接受信息、处理信息和发布信息都离不开沟通。沟通指的不仅是内部沟通,还包括外部沟通。所谓内部沟通,是指这种沟通主要在高校内部组织、人员等之间进行。高校内部沟通的主要内容包括各种信息的传递;对高校各种活动的风险,特别是管理风险进行提示;对高校文化及管理哲学进行总结、发散与阐述,并明确授权;对各部门、工作人员在高校控制活动中所扮演的角色、行使的权利、承担的职责进行规划与阐述等。

外部沟通与内部沟通最大的不同在于沟通对象,前者的沟通对象主要是高校之外的部门、人员,而这些部门、人员又与高校活动息息相关。比如,高校与学生家长之间的沟通;与相关教育部门的沟通;与地方政府的沟通等。良好的外部沟通有利于宣传高校的形象,能加深外界对高校的了解,并对高校的培养目标、方向、培养措施及高校学生的综合素质有进一步的认识。

总而言之,高校控制活动的顺利进行与控制体系的完美运转,离不开内部信息的传递与沟通。高校信息是高校控制活动的关键,它担负着改变控制变量的责任,它在高校内部控制框架各要素之间不停流动,最终保证高校控制活动顺利开展。

5. 监督

监督是高校内部控制的一个要素。在高校管理活动中,对正常管理活动和控制活动进行监督,能够帮助实现内部控制目标。高校内部控制监督的主要内容包括以下几项:检查高校管理者处理工作问题是否合乎法律法规和各项管理制度,检查高校控制活动运行是否正常,检查不相容岗位分离是否清晰,检查各部门职权界定是否明确,检查工作中是否存在不良行为。

当前,高校内部监督由内部审计部门或纪检监察部门组织,但监督效果不是很好。例如,高校内部控制环境建设不完美,高校内部控制理念不明确,高校内部控制机构存在不合理现象,高校内部监督职能不能有效发挥。高校监督部门不受重视,与其他部门信息沟通不畅,导致高校监督部门未能及时了解并处理学校存在的问题。

综合分析,高校监督活动的顺利进行,依赖于良好的高校内部控制环境的创建,想要完成这些目标,高校应及时制定合适的调整措施,合理配置机构,并做好内部控制理念的宣传工作,让其深入人心。同时,更新监督技术手段,强化控制活动,提高监督部门地位,保证监督部门独立发挥作用,促进监督体系完善,从而保障高校监督活动有序进行。

第七章

高校财务绩效管理与控制

　　绩效,是近年来兴起的一个新词,它源自英文的"performance",习惯上,我们在企业中把它译为"效益",在公共领域译为"绩效"。我们在对高校进行绩效评价时将绩效分为管理绩效和财务绩效两部分。管理绩效评价的内容包括:经营者的基本素质和基础管理水平;发展战略规划;发展创新能力;人力资源建设;包括为社会提供就业率等的社会综合贡献。高校财务绩效评价的内容相对比较简单,主要包括:办学水平和教育质量在内的综合实力状况;高校各项业务的营运状况;高校的融资渠道与偿债能力状况;高校的未来发展潜力状况等。尤其需要指出的是,要将高等高校对社会的影响加入其绩效考核指标体系中去。

第一节

整体计划管理与控制

高等院校的绩效管理评价是优化内部控制自我监督机制的一项重要制度安排,是内部控制系统的有机组成部分,它与内部控制的建立和实施构成了一个有机循环。高校财务绩效管理是一个持续的过程,是保证内部控制建设得以开展并有效实施的重要环节。在对高校的设计和运行情况进行持续绩效管理评价的过程中,才能发现内部控制的高风险点和薄弱环节,并有针对性地修补漏洞,从而实现内部控制系统的不断完善。

高校财务绩效管理评价是指由高校自行组织的,对单位财务活动内部控制的有效性进行评价,形成评价结论,出具评价报告的过程。

一、高校财务绩效管理主体

《行政事业单位内部控制规范(试行)》规定"单位负责人应当指定专门部门或专人负责对高校绩效管理的有效性进行评价并出具评价报告"。为了保证内部控制评价质量,绩效管理评价主体必须具备一定的条件:首先,负责绩效评价管理的专门负责人必须具备与监督和评价内部控制系统相适应的专业能力和职业道德素养;其次,在评价内部控制系统方面,专门负责人需要与单位其他职能部门相互配合、相互制约,保持协调一致;最后,专门负责人能够得到高校领导的支持,有足够的权威性保证内部控制自我评价工作的顺利开展。

在高校组织结构内部,要实现自身的发展与目标,就需要依赖于一定的财务活动。财务绩效针对财务活动而言,是财务资金的投入与产出之间的关系,即财务活动目标实现情况。高校的财务绩效管理主体一般是高校的财务部门,具体任务是指高校财务活动的效率和效果。财务资源的投入与产出之间的比例是称量高校财务活动的效率的标准,比例越高则效率越高。

二、高校财务绩效管理原则

(一)提高绩效的原则

所有的制度都需要进行绩效评价,高校财务绩效评价制度也不例外。高校管理制度作为一种规则,其最基本的功能是规范和约束高校活动,提高绩效原则是指在高校财务绩效管理中把办学效益的提升作为一个标准,保障高校各项活动的正常运转。

(二)激发潜在活力原则

从高校绩效管理制度来说,应该顺应时代的强劲呼唤,激发高等院校的活力的核心就在于:制定一系列的激励机制,创造一个制度创新的新环境,调动高校内部的各个系统的积极性与创造性,形成一个整体,将所有力量拧成一股绳,共同完成高校所应有的使命,促进高校全面协调和可持续发展。只有充分发挥系统各部分的潜力,才能构建起发展战略与微观设计,才能实现高校的又好又快发展,才能完成高校的“人才培养、科学研究、服务社会”的作用与任务。

(三)优化资源配置原则

对于高等院校组织内部来说,通过科学的战略管理、合理的规划方案来进行教育资源配置,从根本上解决教育服务的办学效益、组织结构和产出规模等问题。优化的核心就是在高校内部资源的利用过程中把握战略重点、重整资源的配置格局,通过采取相应的方案、措施和方法,使资源从低效益的系统向高效益的系统流动,从而提高教育资源利用效益。

(四)协调统筹原则

高等院校是一个庞大的组织机构,有层次分明的"科层制",某一学科、某一学院、某一部门都是这个有机整体不可缺少的组成部分,高校财务绩效管理的作用就在于合理配置各个组成部分之间的资源、调适组织结构而达成整体和谐运转。在统筹协调的基础上,要进一步统筹教育规模、质量、结构和效益的协调发展,统筹人文、社科、理、工、医各学科门类的协调发展,统筹精英教育与大众化教育的协调发展,统筹教学、科研、社会服务之间的协调发展。还要发挥自身学科特点、互补优势,通过整合各种资源,积极推动人文社会科学和自然科学、工程技术的相互渗透,大力推进学科交叉、融合和集成,努力在构建跨学科、跨领域的大平台方面狠下功夫,以进一步凸显传统竞争优势,推动新的竞争优势的形成。高校的快速发展离不开高校综合实力和核心竞争力的提升,必须对高校各方面的发展进行统筹协调、整合优化,对高校各个方面工作进行通盘策划。

三、高校财务绩效管理相关部门的职责权限

(一)高校领导

对绩效管理评价承担最终责任,对评价报告的真实性负责;听取自我评价报告;审定内部控制重大缺陷、对重要缺陷提出整改意见;协调内部控制评价机构在督促整改中遇到的问题。

(二)绩效管理评价机构

经高校领导授权具体负责绩效管理评价的组织实施;拟定绩效管理评价方案;认定绩效管理缺陷;拟定整改方案;编写绩效管理评价报

告；对于评价过程中发现的重大问题，及时向高校领导汇报；督促被评价部门进行整改。

（三）财务等相关部门

积极配合评价工作的开展，听取评价报告，及时落实整改措施。

（四）内部纪检监察部门

按照相关法律法规对绩效管理评价报告进行审核，对单位领导班子建立与实施绩效管理以及内部控制缺陷的整改情况进行执纪、监督和问责等。

四、高校财务绩效管理评价的流程

绩效管理评价流程一般包括制定评价工作方案、组成评价工作组、实施现场测试、汇总评价结果、编制评价报告等。

（一）制定评价工作方案

绩效管理评价机构应当根据高校实际情况和管理要求，分析财务活动的高风险领域和重大业务事项，制定科学合理的评价工作方案，报经高校领导班子批准后实施。评价工作方案应当明确评价主体范围、工作任务、人员组织、进度安排和费用预算等相关内容。

高校财务活动的高风险领域和重大业务事项一般包括大额资金支付、大宗资产采购、基本建设项目、重大外包业务、对外投资和融资业务、重要资产处置、信息化建设以及预算调整等。由于各单位实际情况不同，重大经济事项的认定标准应当根据有关规定和本单位实际情况确定，一经确定，不得随意变更。

（二）组成评价工作组

绩效管理评价机构应当根据批准的评价方案，组成内部控制评价工作组，具体实施内部控制评价工作。评价工作组应当吸收高校财务、纪检监察、人事、采购、国有资产、基建、科研管理和审计等内部相关机构熟悉情况的业务骨干参加。评价工作组成员对本部门的内部控制评价工作应当实行回避制度，并注意保持与内部控制设计工作组的不相容性。

（三）组织内部测评

尽管高校校级党政领导都有明确的职责分工，责任重大、工作繁忙。但是，高校校级管理层是高校内部控制有效性的最终责任者。高等教育体制的改革，使高校的办学自主权增大，国家对教育经费的投入也在不断增多，为此，高校校级管理层可以通过设立专门的机构来全面负责高校的内部监督工作，这也是内部监督体系能够发挥作用的基本保证。目前，许多高校已经针对内部控制，成立了专门的内部控制委员会。对于高等高校而言，设立财经委员会对全校的资金、资产进行全面管理，同时对高校内部控制进行设计、监督、评价，是十分可行的，也是十分必要的。

财经委员会负责确定高校内部控制体系，制定相关制度，并监督它的有效运转。高校内部审计机构作为监督、鉴证、审核高校经济活动的专门机构，独立地对高校内部控制进行客观评价，并将评价结果提交给校级管理层。财经委员会与内部审计机构对高校内部控制体系进行设计、监督、评价。外部审计可以有计划、有目的地对高校资金等方面进行审计，对内部控制进行审计、评价。

高校内部审计也可以委托中介机构对高校相关经济、管理活动进行审计。纪检、监察部门作为党委领导下的对党组织、党员、干部廉政情况进行监督、检查的部门，对高校各级干部、党员的经济活动监督的同时，也对高校内部控制进行了监督，成为高校内部控制体系中的又一个监督者。对于认定的内部控制缺陷，内部控制评价机构应当提出整改建议。

（四）编制评价报告

绩效管理评价机构以汇总的评价结果和认定的内部控制缺陷为基础，综合绩效管理整体情况，客观、公正、完整地编制内部控制评价报告，并提交高校负责人和内部控制归口管理部门，高校的内部控制归口管理及相关部门应根据评价报告及时进行整改。

第二节

组织人事管理与控制

高等教育系统是由生产知识的群体构成的学术组织，高深知识是高等教育系统的本质特征。《世界高等教育宣言》明确指出：大学自治和学术自由是 21 世纪大学发展的永恒原则。学术自由是高等学校区别于政府、企业、其他组织的根本特征。高等学校的本质特征，使得高校内部管理具有独特性。

高校的使命决定了高等学校重视组织的长远目标和长期效益。克尔（Clark Kerr）在《大学的功用》中指出，"在西方世界中，1520 年之前成立至今仍然存活、功能相似、历史没有中断的机构约有 85 个，它们包括冰岛和英国的天主教会和曼岛议会政府，瑞士几个州政府以及 70 所大学。"由此可见，高等学校是世界上历史最悠久、最古老的组织形态。经过几个世纪的发展，高校已经形成了自己的组织结构特点。高校组织结构的这种特殊性，决定了高校组织具有自身的特点。

一、保守的体制

高校作为一个相对稳定的机构,有保持其传统的惯性或惰性,而且需要为它的教师创造一种稳定、安全、持续的学术环境,这使得本身传统守旧的教师团体更加保守。高校组织的这种特点,与当今大力提倡的学习型组织的管理理念和管理模式相差甚远,甚至在价值取向上与学习型组织所强调的组织创新性格格不入。[①]

二、组织结构近似"科层制"

按照马克斯·韦伯的观点,官僚组织模式——科层制,应具有三个基本特征:第一,组织中的人员应有固定和正式的职责,并依法行使职权;第二,组织的结构是一层层控制的体系,组织内按照地位的高低规定,成员间存在命令与服从的关系;第三,专业分工与技术训练,对成员进行合理分工,并明确每个人的工作

高校的组织结构,特别是公立高校,在纵向上分为校、院、系等若干层级;在横向上,每个层级分为若干科室等机构,形成了纵横交错的矩阵式权力体系,即符合"科层制"或"官僚制"的总体框架。但是,因为这种"科层制"拥有自己的一些特殊性,偏离了严格意义上的科层制,所以称之为"近似的科层制"更为确切。这些特殊性主要表现为:

第一,高校组织的人员构成大多数为具有一定专业知识的专业人员,对专业人员的管理不能仅以官僚结构为基础,在高校和各二级学院的管理中,必须承认教师的专长和教师群体的专业水平,仅靠绝对的权力,是不能发挥教师的积极作用的。

第二,高校组织结构的划分、分工,很大程度上是依照一定的学科结构的。依照学科结构划分组织,就会在整体上形成松散性和专业性两个基本特点。每个学科、专业拥有自己的学术特点,学科的不断专业化,更加增大了学科权力;而且,学科中的一些知名学者、专家的影响

[①] 陈竹.高校内部控制分析与设计[M].北京:兵器工业出版社,2005.

力,在学科声誉上甚至超过了校长的知名度,使得这些知名学者所代表的学科权力越来越大,甚至影响到了组织决策权力的发挥,这与科层制组织有很大的不同。

第三,高校组织结构中包括一些相对独立的子系统——各二级学院,各二级学院在进行教学、科研等活动中,在高校授权范围内具有一定的独立性、专业性、主动性,这一特点使得高校的组织结构成为松散与集中结合的统一体。组织中松散性结构的特点,要求高校给予子系统更大的自由度和决策权,这与严格的科层制有较大的差异。

三、相对独立与集权的结合是组织的基本属性

高等学校之所以能够长久存在,与其非营利性组织特点和组织的基本属性直接相关。教育组织的基本属性是什么? 以社会学制度理论的观点,高校组织的基本属性不是理性行动的结构性表达,而是稳定发展进化的社会系统与模式。即组织并不是像韦伯所设定的那样,为了达到一定的组织目标,按照组织目标以效率为原则而设计的组织。相反,高等教育组织是一个渐进的发展性组织,其基本属性是组织中既有相对独立性又具有集权性,是两者的统一与有机结合,独立性与集权性的结合,保证了高等教育机构能够以自身的运转轨迹不断地向前发展。

高等教育依靠的是个人首创精神和创造性活动,而个人首创精神和创造性活动的发挥需要时间和精力。高等高校取得成绩所需要的时间和付出的代价要比工业企业长很多,也多很多。因此,为激励教师的个体创造性,组织的民主管理与学术自主就显得十分重要,从而在组织结构上也要求与之相匹配,需要给个体创造者一定的自由、独立的空间和权利。美国学者威克曾提出高校组织的基本属性是松散结合的组织。一方面,高校的行政管理是按照严格的层级进行的,校长具有绝对的权力,即具有集权性;另一方面,高校组织中的一些子系统具有很大的教学、科研管理的独立权限,即具有相对独立性。因此,高校组织形成了一个能够满足自身特性需要的组织属性。即高等学校是一个在渐进发展过程中,在科层制基础之上,结合自身特质而演变而成的特殊组织。表面上是一个科层制式组织,而实际上高校对组织教学、科研等活动的

各二级学院有很少的控制,高校内部各二级学院之间也较少有协调和关联,是一个行政权力集中,学术权力相对独立、分散的有机体。因此,高校作为组织整体,抗拒外界环境变化的能力很强,往往不会随外部环境的变化而迅速调整。

第三节

绩效评估管理与控制

高等院校的绩效评估管理主要包括两方面内容:一是经营的效益,二是资源利用的效率。由此可见,人才培养、科学研究和社会服务的效率和效益是衡量高校的绩效主要内容。由于高等院校的作用和任务主要体现在人才培养、科学研究和社会服务三个方面,因此,对高校绩效管理的效果评估也应该是高校在这三个方面所取得成果的综合,综合考虑高校在教学、目标,以及各个高校在不同功能领域的定位侧重点的差异,在效率方面的内容应该体现为高校资源在这几个领域中应用的效率,即投入产出比。高校如何面对新的教育教学环境及要求,同时针对自身的特点,改进其原有的评估体系,以满足高校规模的迅速扩大及对教师要求的提高等要求就显得尤为重要。

一、高校管理绩效评估体系框架

可以从以下几个方面建立绩效评估体系框架:

（一）经营者基本素质

包括校长在内的高校负责人的基本素质具体体现在现任领导班子的智力素质、品德素质和能力素质等方面,具体包括知识储备、道德修养、职业素养、创新的思维和开阔的视野、沟通、组织、协调能力和团队合作能力、LDP领导力和科学决策能力等因素。

（二）发展战略规划

发展战略规划是指高校所采用的包括基本建设、科研投入、专业发展、学科建设及人力资源等各方面的谋划和策略。

（三）就业率

就业率是指高校当年就业人数占毕业生总数的比重。

（四）基础管理水平

基础管理水平是指维系高校教学正常运转及生存与发展的组织结构、内部管理模式、各项基础管理制度、激励与约束机制、后勤服务等的建设及贯彻执行状况。

（五）发展创新能力

创造力是现代高校发展的动力源泉,失去创新能力的学校培养不出适合新时代发展的人才。高校的发展创新能力具体包括管理创新、服务创新、观念创新等方面的意识和能力。高校若要在竞争中保持优势立于不败之地,就必须不断根据外部环境进行自我调整和发展创新。

（六）人力资源建设

人力资源建设是指在校教师的学术地位、文化素质、道德水准、专业水平、参与高校教学科研的积极性及爱岗敬业精神等方面的综合情况。

（七）综合社会贡献

综合社会贡献主要通过教学成果和科研成果来反映。教学成果主要表现为培养人才的质量、数量以及教学成果获奖数等；科研成果主要表现为科研成果获奖数、论文数和学术专著数以及运用于实践所产生的社会效益等。

二、高校绩效评估方法的选择

高等院校绩效管理主要侧重于对各项业务开展的效果的评价，具体是指学校领导和负责人以及相关工作人员为了达到高校制定的目标共同参与的绩效计划制定、绩效施行沟通、绩效考核评价、绩效结果应用、绩效目标提升的持续循环过程，高校绩效管理关注的重点不在于一时的业绩，而在于持续提升个人、部门和组织的绩效。

在高校工作的每位领导和员工所承担工作的效果都需要参与绩效评价考核，目的在于通过科学的方法、原理来评定和测量员工在职务上的工作行为和工作效果。高校绩效考核主要采用定性和定量的方法，应用各种科学的考核方法对职工行为的实际效果及其对高校的贡献价值进行考核和评价。

我国高校通用的绩效评估考核方法，根据不同的标准有不同的分类：第一，依据行为导向为标准，可以把绩效评估方法划分为关键事件法、行为观察比较法、行为锚定评价法、360度绩效评估法等；第二，以结果导向为标准划分，包括业绩评定表法、目标管理法、关键绩效指标法等；第三，根据工作绩效的特质性，绩效评估方法则适用于图解式评估量表等。

（一）结果导向型绩效评估方法

业绩评定表法、目标管理法（MBO）、关键绩效指标法（KPI）等，此类方法所做出的评估的主要依据是工作的绩效，即工作的结果，能否完成任务是第一要考虑的问题，也是评估的重点对象。

1.评级法或评分法

分等级对规定的绩效因素（例如完成工作的质量、数量等）进行评估，把工作的业绩与规定表中的因素进行逐一对比打分，它分为几个等级，例如优秀、良好、合格、一般等。

优点：可以作定量比较，评估标准比较明确，便于操作。

缺点：专注于打分，淡化了绩效的诊断和目的。

2.排序法

把参加考核评价的员工，按照其总绩效（或综合绩效）的状况依次排列。

优点：效用明显简单、方便、快速、节约组织资源。

缺点：不能明确知道员工的个人绩效结果。

3.目标和标准考核法

为了激励教职工能够努力完成工作目标，促进整体工作的目标的实现与达成，目标和标准考核法的评估的对象不是教职工的日常行为，而是工作目标的完成情况。这是 20 世纪 60 年代以来，广泛推广与应用的方法。

优点：教职工足够的自由空间，能够充分发挥积极性和创造性，可以根据自身的情况安排工作计划、选择工作方法。

缺点：缺少活力与创新意识的教职工不适合此考核方法。

4.强制分布法

将限定范围的员工按照某一概率分布到有限数量的几种类型的方法。如：优秀占 5%，良好占 15%，合格占 60%，稍差占 15%，不合格占 5%，把员工划分为不同的类型。

优点：成本低，实用，节省时间、精力，消除了某种评定误差（趋中性、宽厚性误差）。

缺点：硬性区别容易引起员工不满。

5.主管述职评价

主管述职评价方法适用于对高校领导和财务负责人进行管理岗位的考核，管理人员把自己的工作完成情况和知识、技能等反映在述职报告中分解与演讲，并作为主要的评估依据。

优点：较为全面，易操作。

缺点：具体的工作内容可能会不完善。

（二）行为导向型的绩效评估方法

行为导向型的绩效评估方法的评估对象主要是行为，主要评估的依据是工作中的行为表现。行为导向型的绩效评估方法主要包括行为观察比较法、行为锚定评价法、关键事件法、360度绩效评估法等。

1.关键事件法

关键事件法是既简单又客观的绩效评估方法，具体操作方法是选择工作中最好或最差等最具代表性的事件进行评估，根据引发极端事件的工作行为进行工作绩效评估。

优点：可以有效地评估优秀表现和劣等行为，具有比较强的针对性。

缺点：需要进行大量的事件收集与筛选工作，在收集与评估中，存在由主客意识而导致偏差。

2.行为观察比较法

也叫行为观察量表法，是根据各项评估指标列出一个可以打分的表格，将观察到的员工的每一项工作行为同评价标准比较进行打分，按照观察到的某种行为出现的次数频率进行评估的方法，将表格上每一种行为的得分相加，得出总分结果比较。

优点：能够有一个比较有效的行为标准，可以帮助建立工作岗位指导书。

缺点：观察到的工作行为可能带有一定的主观性。

3.行为锚定评价法

也称为行为定位评分法,它与行为观察比较法相类似但侧重点不同。行为锚定法侧重的是具体可衡量的工作行为,通过数值给各项评估项目打分,给出等级对应行为,将工作中的行为与指标对比做出评估。它主要针对的是那些明确的、可观察到的、可测量到的工作行为。

优点:评估指标有较强独立性,评估尺度较精确;对具体的行为进行评估,准确性高一些。

缺点:评估对象一般是从事具体工作的员工,对其他工作适用性较差。

4.360度绩效评估法

顾名思义,360度绩效评估法是全方位无死角对组织成员工作行为进行观察来获取第一手资料,并收集来自各方的评价,包括来自上级、同事、下属及客户的评价,同时也包括被评者自己的评价,然后对获得的资料进行分析评估的方法。

优点:比较全面地进行评估,易于做出比较公正的评价。

缺点:考核成本高,时间耗费多容易流于形式,考核培训工作难度大。

(三)特质性绩效评估方法

除了结果导向型绩效评估方法和行为导向型绩效评估方法外,还有一类评估方法,那就是以心理学的知识为基础的评估方法—特质性绩效评估方法。

三、构建高校财务绩效评估体系的意义

随着国家对高等教育投入的逐年加大,社会上对高校的期望越来越高,对高校内部财务绩效与资金去向与用途也越来越关注。在这种情况下,高校构建财务绩效评价体系不仅是自身事业发展的需要,也是社会各界财务信息使用者对高校财务管理提出的必然要求。对外部会计信息使用者来说,构建高校财务绩效评价体系,可以对高校的资金使用情况和财务状况有更真实更直观的了解。构建高校财务绩效评价体系,对高校自身来说,更有诸多益处。[①]

(一)有利于提高资源配置效率

高校的地位与影响,不仅取决于其所拥有的资源的数量与质量,而且取决于其对资源的利用效率。这是维持高校竞争优势的关键,也是高校管理机构工作效率的集中体现。财务管理通过预算管理来影响资源配置,预算作为高校预先设定的目标、策略和行动方案的数量化表达,在下达财务指标的同时就对资源配置提出了要求。

(二)有利于提高行政效率

实行绩效评价,可以引入竞争机制,有效控制各部门活动,提高行政效率。在推行绩效评价时,必须将高校各部门各单位只讲做事花钱,不讲效率的观念转变过来,树立起先讲绩效,再讲做事花钱的观念。在制度、方法的设计及资金预分配上,必须将竞争机制引进来,评价项目支出情况,落实工作责任,提高行政效率。

---

① 黄永林. 高师财务管理研究第 9 辑 [M]. 武汉:华中师范大学出版社,2011.

第四节

高校内部审计绩效评估

高校财务活动内部控制监督是指对教育、财政、审计、纪检监察及高校内部审计与监察部门,对高校财务活动内部控制的建立和实施情况进行的监督。按照实施监督的主体不同可以分为内部监督与外部监督。内部监督和外部监督关注的重点有所不同。

内部监督是指由高校内部进行的内部控制监督活动,包括管理层监督、内部审计监督和纪检监察监督等。在高校内部控制监督系统中,内部审计部门比相关管理部门的监督更重要,发挥着至关重要的作用。

一、高校内部审计的内容

内部审计是现代科学技术和传统经验精华融合在一起的产物,是保障高校经济活动合规合法的有力武器,也是高校提高业务成绩的重要法宝。内部审计能够帮助高校更好地定位其社会职能,让高校得到更加准确、规范的发展,让高校的经济活动和人才培养工作更为有效,进而使高校教育工作紧而有序的发展,实现最高的教育理念。充分的运用高校内部审计工作可以更好地改善高校管理,保证高校的工作质量。

(一)制度建设情况

高校内部审计的内容包括检查高校内部各部门及其负责的项目的

管理和控制制度是否健全,科研行为是否规范,奖励及责任追究制度是否落实。高等高校对于内部审计第一个要做的就是定位基本的职能,内部审计的基本职能就是检查和监督。

(二)项目管理情况

高校内部审计的内容还包括对高校内部各部门及其负责的项目全过程的检查与监督,目的在于提高高校的经济收入,完善项目的营运模式。审计的对象不仅包括执行项目的部门及单位,还包括相对应的职责,具体体现在策划环节、立项申报环节、合作环节、执行环节、结题环节及验收环节等。审计的关键点在于考察项目执行环节的真实性和合法性,并坚决杜绝浪费虚报等现象,一经查出,严惩不贷。

(三)收支管理情况

高校财务应该统一管理高校的全部项目经费,包括资金的收入和支出,如果存在管理范围之外的资金则视为违规。大额资金支付是否经过授权审批;外拨经费是否订立合同并按合同约定执行,是否经科研管理部门审批、财务部门审核,严格执行项目预算;是否存在违规支出劳务费行为;结存经费是否按照规定进行管理。

(四)绩效管理情况

我国教育体制改革和经济腾飞给高校带来极大的机遇和发展空间,同时,高校之间的竞争也愈加激烈。因此,就需要加强高校内部的绩效管理情况的审计工作,检查高校对被审项目的间接费用的计提、分配和使用是否符合规定,重大科研设备的效用发挥是否合理。

(五)纪律管理情况

纪律管理可以保障我国高校免受重大的经济损失,是内部审计中最重要的一环。检查被审项目有无藏留、挪用、挤占科研经费等违反财经纪律的行为。内部审计能够以最合理的保障让高校的经济损害降到最低。

二、高校内部审计组织方式

内部审计机构开展审计可采取审签、事后审计、过程审计等方式。对重大科研项目根据需要按有关规定采取过程审计方式。

（一）决算审签

按照国家科研经费管理的相关规定，上报科研经费财务决算前须经内部审计机构审签的项目，内部审计机构在财务部门审签的基础之上，根据国家与上级主管部门和高校对项目经费的管理要求进行审签。内部审计机构视工作需要，可对与科研经费有关的经济活动进行延伸审计。

（二）年度审计

内部审计机构根据上级有关政策要求。高校工作安排及科研管理部门提出的科研经费审计重点，制订科研经费年度审计计划，经主要负责人批准后，负责组织实施审计。内部审计机构也可以采取联合科研管理部门、纪检监察部门、财务部门一起审计的方式，或由内部审计机构委托社会中介机构进行审计。

（三）项目结题委托审计

科研项目在结题验收之前，按照经费主管部门的要求，需要第三方出具审计报告的，由各个课题组按照经费主管部门要求委托具有相应资质的社会中介机构进行审计。[①]

---

① 邵积荣.高校经济活动内部控制研究 [M].广州：羊城晚报出版社,2017.

三、高校内部审计程序

（一）决算审签程序

科研项目负责人作为内部审计的对象,应先将科研经费决算表及相关说明材料提交财务部门审核签章,在上报决算规定的时间内将经财务部门确认的经费项目明细账、财务决算表及其他资料的复印件提前送达内部审计机构,内部审计机构在财务部门审核的基础上按规定审签。

（二）年度审计程序

内部审计机构根据年度审计工作计划安排,在实施审计前将审计通知书送达科研管理部门,由科研管理部门通知被审项目负责人及负责单位,并抄送财务部门。内部审计机构在开展审计前,必须进行审前调查。审计部门对发现的违规违纪问题应及时移交纪检监察部门,并报送内部审计机构。内部审计机构负责对科研项目审计资料进行整理、归档。

（三）需要委托社会中介机构实施的审计程序

（1）内部审计机构委托审计的,在国家及上级主管部门指定范围内,通过规范程序,选择社会中介机构,签订委托审计合同,明确规定审计范围、内容和要求,并负责协调和解决受委托审计小组在审计中遇到的困难和问题。社会中介机构根据合同约定提交审计报告,内部审计机构复核审计报告,征求科研管理部门及财务部门意见,报主要负责人批准后,出具正式审计报告。正式审计报告分别送达科研管理部门和财务部门。

（2）内部审计机构根据工作需要,可以对与被审项目有关的经济活动进行延伸审计,被审项目负责人及负责单位应当予以配合。对不按本规定执行的,造成科研项目无法结题或其他后果的,由被审项目负责人及负责单位承担相应责任。内部审计机构委托社会中介机构对科研经费审计的费用在本部门、本单位预算经费中安排列支。各个课题组委托社会中介机构对科研项目结题验收前的科研经费审计所需委托费用,在各课题组的科研经费中安排列支。

参考文献

[1] 易艳红. 高校内部控制与风险防范 [M]. 北京：国家行政学院出版社, 2019.

[2] 刘芬芳, 梁婷. 新时期高校财务管理问题研究 [M]. 太原：山西经济出版社, 2019.

[3] 闵剑. 面向世界一流大学绩效管理的高校预算绩效管理体系研究 [M]. 武汉：武汉理工大学出版社, 2019.

[4] 徐峰. 现代高校财务管理的实施与监督 [M]. 长春：东北师范大学出版社, 2018.

[5] 刘罡. 高校财务内部控制实务 [M]. 北京：中国农业大学出版社, 2018.

[6] 孙杰. 高校财务管理创新理念与关键问题探索 [M]. 长春：吉林大学出版社, 2018.

[7] 浙江省教育会计学会. 教育财会的理论与实践探索 第 4 辑 [M]. 杭州：浙江大学出版社, 2017.

[8] 张小军. 高职院校财务管理的理论与实践 [M]. 昆明：云南大学出版社, 2017.

[9] 李长山. 现阶段我国高校财务管理的若干问题研究 [M]. 北京：北京理工大学出版社, 2017.

[10] 邵积荣. 高校经济活动内部控制研究 [M]. 广州：羊城晚报出版社, 2017.

[11] 金贵娥. 民办高校财务管理研究 [M]. 武汉：华中科技大学出版社, 2017.

[12] 乔春华. 高等教育供给侧改革的财务视角 [M]. 南京：东南大学出版社, 2017.

[13] 周亚君, 刘礼明. 高校财务管理案例剖析 [M]. 南京：南京师范大学出版社, 2016.

[14] 吴井红 . 财务预算与分析 [M]. 上海：上海财经大学出版社，2016.

[15] 周庆西 . 内部审计新视点 [M]. 天津：南开大学出版社，2015.

[16] 徐明稚等 . 高校财务风险及预警防范机制研究 [M]. 上海：东华大学出版社，2015.

[17] 张曾莲 . 基于非营利性、数据挖掘和科学管理的高校财务分析、评价与管理研究 [M]. 北京：首都经济贸易大学出版社，2014.

[18] 黄永林 . 高校领导干部财务工作手册 [M]. 武汉：华中师范大学出版社，2013.

[19] 赵长城等 . 地方高校发展若干问题的思考 [M]. 北京：中国经济出版社，2012.

[20] 夏再兴，杨红霞等 . 地方高校教育浪费与成本控制研究 [M]. 武汉：华中师范大学出版社，2012.

[21] 别荣海 . 财务绩效视角下高校管理制度创新研究 [M]. 北京：中国社会科学出版社，2012.

[22] 刘文华 . 地方高校财务内部控制与财务绩效管理研究 [M]. 长沙：中南大学出版社，2011.

[23] 赵耿毅 . 高校领导干部经济责任审计指南 [M]. 北京：中国时代经济出版社，2011.

[24] 黄永林 . 高师财务管理研究 第 9 辑 [M]. 武汉：华中师范大学出版社，2011.

[25] 黄永林，朱秀林 . 高师财务管理研究 第 8 辑 [M]. 苏州：苏州大学出版社，2009.

[26] 毕连福，潘平 . 高校后勤企业化管理及自组织机制研究 [M]. 沈阳：辽宁大学出版社，2009.

[27] 陈田初 . 规范 改革 绩效 上海高等学校财务管理记述 [M]. 上海：华东理工大学出版社，2008.

[28] 司金贵 . 山东省教育财务管理研究 第 2 辑 [M]. 济南：山东大学出版社，2008.

[29] 陈竹 . 高校内部控制分析与设计 [M]. 北京：兵器工业出版社，2005.

[30] 黄雨三，熊礼俭 . 学校成本核算与财务管理规章制度全书 中 [M]. 长春：吉林音像出版社，2003.

[31] 王茜一 . 高校财务内部控制问题及对策分析 [J]. 财会学习，2021（02）：170–172.

[32] 李亚东 . 高校财务内控存在的问题及对策分析 [J]. 中国乡镇企业会计，2020（12）：202–203.

[33] 付捧枝 . 民办高校财务内部控制存在的问题及对策 [J]. 财富生活，2020（18）：76–77.

[34] 张晓宏 . 基于内部控制框架下高校财务内部控制体系存在问题及对策研究 [J]. 现代营销(经营版)，2020（09）：228–229.

[35] 谢基伟 . 高校财务内控存在的问题及对策分析 [J]. 中国乡镇企业会计，2020（02）：206–207.

[36] 柯萍 . 高校内部控制视野下的预算绩效管理对策 [J]. 财富生活，2019（22）：172–174.